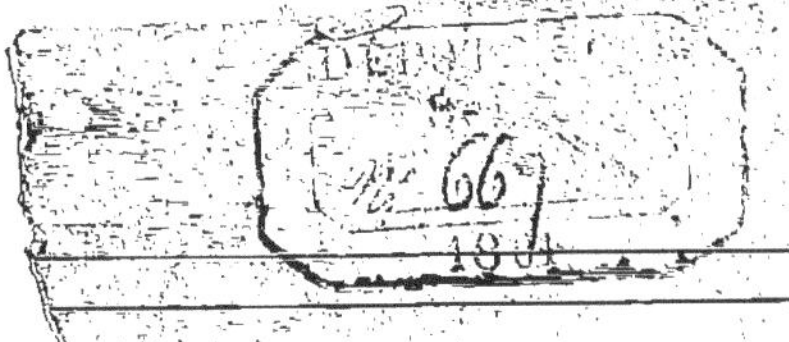

DE LA RÉORGANISATION

DE

L'ÉCOLE DES BEAUX-ARTS

RÉPONSE A LA LETTRE

DE M. INGRES

SÉNATEUR, MEMBRE DE L'INSTITUT

PAR CH. GIRAUD

DE L'INSTITUT

PARIS

IMPRIMERIE DE AD. LAINÉ ET J. HAVARD

RUE DES SAINTS-PÈRES, 19

1864

DE LA RÉORGANISATION

DE

L'ÉCOLE DES BEAUX-ARTS

Paris — Typ. de Ad. Lainé, et J. Havard, rue des Saints-Pères, 19.

DE LA RÉORGANISATION

DE

L'ÉCOLE DES BEAUX-ARTS

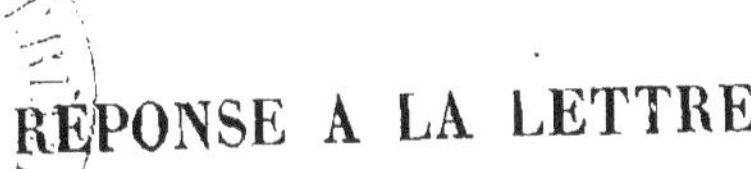

RÉPONSE A LA LETTRE

DE M. INGRES

SÉNATEUR, MEMBRE DE L'INSTITUT

PAR CH. GIRAUD

DE L'INSTITUT

PARIS

IMPRIMERIE DE AD. LAINÉ ET J. HAVARD

RUE DES SAINTS-PÈRES, 19

1864

RÉPONSE

A LA

LETTRE DE M. INGRES

SÉNATEUR, MEMBRE DE L'INSTITUT.

MONSIEUR ET ILLUSTRE CONFRÈRE,

J'ai reçu, comme tous les membres de l'Institut, la lettre que vous nous avez adressée, relativement à la réorganisation de l'école des Beaux-Arts. L'appel affectueux que vous faites à vos confrères, l'intérêt qui s'attache aux questions que vous agitez, et la nature des objections qu'on oppose au décret du 13 novembre : légalité douteuse, propriété violée, dictature usurpée, etc., m'auraient seuls disposé à vous répondre, quand même le nom de plusieurs personnes que j'affectionne, et que j'honore, ne serait pas engagé dans le débat, et qu'on n'aurait pas cherché à y compromettre l'intérêt de l'Institut lui-même. Une polémique animée, dans la presse périodique; plusieurs publications particulières de personnes autorisées en sens divers, et la *réponse du ministre à la protestation de l'Académie des Beaux-Arts*, ont complété l'instruction de l'affaire; et le public peut aujourd'hui juger, sur pièces, et en parfaite connaissance, cette cause dont je veux seulement résumer les conclusions, en les dépouillant de tout ce qui pourrait raviver et passionner une controverse épuisée.

Avant la révolution qui mit fin à l'ancienne monarchie, le dépôt des traditions de l'art était, en France, principalement confié à une Académie de peinture et de sculpture, fondée, non pas par Lebrun, comme on l'a dit, mais par Mazarin, en 1648, et à une Académie d'architecture fondée par Colbert, en 1671. Ces deux fondations étaient loin d'avoir, dans l'origine, le caractère esthétique qu'on pourrait leur supposer, si l'on ne fait attention qu'à leur titre, et surtout si l'on interprète ce titre d'après les idées dominantes de notre siècle. Le régime de corporation et de maîtrise était jadis en France la loi de tous les arts. Nul ne pouvait alors exercer l'art de peindre ou de sculpter, s'il n'était immatriculé dans la corporation des *maîtres peintres et sculptiers;* et pour obtenir la matricule, il fallait passer six ans chez un maître, dont trois comme *rapin*, et trois comme apprenti, et produire enfin un chef-d'œuvre, sur lequel on était reçu. En dehors de ces privilégiés, nul n'avait le droit d'user librement et publiquement de la palette ou du ciseau, sous peine de saisie de son œuvre, en quelque lieu que le syndicat des maîtres pût la trouver. Les seuls artistes directement commissionnés par le roi, les princes ou de très-puissants seigneurs, pouvaient échapper à la surveillance jalouse des corporations. Ce fut pour soustraire les artistes à la tyrannie des maîtrises, que Mazarin et Colbert fondèrent les Académies dont il s'agit. En effet, le droit des académiciens agrégés fut d'être exemptés de la maîtrise et de pouvoir exercer leur talent en toute liberté.

Mais, en consacrant ce nouveau privilége, Mazarin et Colbert ne firent point, des deux Académies des arts, deux institutions publiques : cette dernière idée est encore étrangère à l'intention des fondateurs. Ils établirent deux corporations particulières et nouvelles; élevées au-dessus des autres, si l'on veut : libérales, tandis que les autres tenaient du métier, mais au fond ayant le même caractère; car, en dehors des Académies et des maîtrises, nul ne put exercer l'art de peindre, de sculpter ou de bâtir. L'auteur instruit de l'*examen critique du Rapport* le reconnaît lui-même. Les Académies des arts furent donc organisées à la façon des corporations; c'était alors le type habituel, obligé, de toute association de ce genre. Aussi le gouvernement des Académies fut-il abandonné à une sorte de syndicat; les douze premiers inscrits au tableau formaient le conseil souverain des *Anciens*. Les autres membres, en nombre illimité, n'avaient aucune part à la direction; mais ils participaient à l'honneur ou au privilége du libre exercice. Les frais de loyer, de modèles, de récompenses même, étaient à la charge de tous les académiciens qui, par des cotisations, fournissaient à ces dépenses. L'État n'y contribua jamais que pour de faibles et accidentelles subventions. Plus tard, le roi donna le logement. En outre du libre exercice, l'enseignement fût l'objet d'un autre privilége des Académies; mais le conseil des *Anciens* eut le droit exclusif de nommer les professeurs, de statuer sur la discipline des élèves, et de régler les conditions du régime de l'école. Cette constitution a duré jusqu'en 1793, où furent supprimés les derniers vestiges des corporations anciennes. A Dieu ne plaise que, par ce que je viens d'exposer, j'aie voulu dénigrer l'institution même, ni méconnaître les grands services qu'elle a rendus, en son temps; je n'ai eu d'autre but que d'en indiquer le caractère historique et d'expliquer ses vicissitudes.

Quand la tourmente révolutionnaire fut apaisée, Vien obtint le rétablissement des anciennes Académies, sous le titre nouveau et plus vrai d'*École des Beaux-Arts*. Son crédit fit même réintégrer les *Anciens* dans leurs vieilles prérogatives; mais ce fut pour peu de temps, car un décret du 11 janvier 1806 attribua la nomination des professeurs à l'Empereur, et leur alloua un traitement de l'État. L'école des Beaux-Arts fut alors ce qu'elle devait être, une institution publique.

L'art était déjà parvenu à l'apogée de son lustre, quand les deux Académies furent fondées. Le Poussin, Vouet, Lesueur, avaient développé tout leur talent, en 1648, quand la première fut créée; et Lebrun y apporta de Rome une réputation toute faite. Cependant elles contribuèrent à propager les principes et les pratiques des grands maîtres, bien que l'inconvénient qui pouvait résulter, pour la transmission de l'art, d'une institution dont les membres se recrutaient perpétuellement eux-mêmes, eût été signalé de bonne heure par des critiques habiles, et par de fins connaisseurs. En effet, à la différence de nos grandes Académies modernes, ces deux Académies anciennes étaient tout à la fois corps enseignant, corps de profession, et corps académique, dans le sens actuel du mot; ainsi que l'étaient, du reste, les Académies de même ordre qui existaient en Italie, où Mazarin en avait pris l'idée et le modèle, et dont l'influence a été si fatale à l'art, au-delà des monts, à partir de la fin du dix-septième siècle. L'art italien leur a dû en grande partie son déclin; et l'art français, malgré l'élégance précieuse de l'école de Watteau, en éprouva la même atteinte, au siècle dernier, jusqu'au jour où Vien le régénéra, par l'étude passionnée de l'antique et du modèle vivant, à laquelle il s'était adonné à Rome même. Le professorat académique avait partout donné naissance à une sorte de style bien connu, qui n'est pas toujours le style de la grâce et du goût. Le suprême honneur académique était alors le professorat; aussi, comme les *Anciens* ne croyaient sincèrement pouvoir mieux faire, ils se nommaient toujours eux-mêmes. Académicien et professeur étaient, en eux, essentiellement synonymes, car l'ún était inséparable de l'autre. Il en est autrement depuis la fondation de l'Institut. Les membres de l'Institut peuvent bien professer ailleurs, mais ils ne professent pas à l'Institut. Les fondateurs de l'Institut, antipathiques au vieil esprit de corporation, n'ont pas voulu que ce grand corps fût enseignant. Heureuse et feconde pensée, dont la science, la littérature et l'art ont ressenti les effets!

Recueillir les découvertes, en tout genre; pénétrer les secrets de la nature et rechercher la vérité, dans toutes les applications de l'intelligence; perfectionner les sciences et les arts, par d'utiles publications, et par l'exemple de chefs-d'œuvre signalés; diriger l'esprit humain, dans l'essor de son activité, par le conseil, par la critique, par l'éloge, par l'honneur et les récompenses : telle a été la mission de l'Institut. On lui a confié la plus belle et la plus noble partie du gouvernement de l'esprit: le mobile puissant de la raison et de l'honneur est en ses mains; mais il n'a point été créé pour remplir la fonction de corps enseignant. Le flambeau des sciences et des arts lui est remis, pour éclairer ceux qui enseignent, mais il demeure un corps savant, et n'enseigne pas directement lui-même; ou, si l'on veut, il enseigne de si haut, que maîtres et disciples peuvent recevoir de lui l'exemple et les leçons. Aussi, après la création de l'Institut, dans lequel la plupart des membres des anciennes Académies de peinture, sculpture et architecture, avaient trouvé la place qui leur était due; et pour remplacer l'enseignement que celles-ci ne pouvaient plus donner, à titre d'Académie, fut établie une *École* spéciale *des beaux-arts*, divisée en deux sections, qui correspondaient à chacune des deux anciennes Académies, en ce qui touche la charge de l'enseignement des arts. Les élèves y étaient reçus, après examen, et les cours y étaient fournis gratuitement. Chaque année, trois grands prix y durent être décernés, à la suite d'un concours, pour la peinture, la sculpture et l'architecture. Une somme assez importante, et qui s'est élevée plus tard jusqu'à 128,000 fr., fut inscrite en même temps au budget de l'État, pour l'entretien de l'École. Voilà le régime que la révolution et l'empire avaient substitué au régime de la royauté, en ce qui touche l'enseignement de l'art, dans la capitale de la France.

Mais une autre grande école de l'art avait été fondée sous Louis XIV, et par Colbert, en 1663, à l'étranger : l'École française de Rome, qui recevait comme élèves les lauréats des grands prix dont nous venons de parler. Ils passaient cinq ans à Rome, appliqués, sous la direction d'un artiste éminent, désigné par le gouvernement, à l'étude des modèles de tout âge, que renferme la ville éternelle, où ils étaient entretenus aux frais de l'État. La révolution avait conservé le bienfait de cette institution, à laquelle, quoi qu'on ait dit et même écrit, il n'est porté aujourd'hui aucune atteinte. L'École de Rome complétait, et complète encore, le système général d'enseignement, de direction et d'encouragement, que la France applique à la culture des grands arts fondés sur le dessin.

Cependant l'efficacité de ces divers moyens combinés d'influence et d'action, sur l'éducation des artistes et sur le développement de l'art, était depuis longtemps contestée, en bien des points. La loi première de l'Institut attribuait à ce corps tout entier la désignation des élèves envoyés à Rome. Cette solennité tomba plus tard en désuétude, et l'Académie des beaux-arts demeura seule juge des prix romains. Sous la restauration, qui fut si favorable au retour des idées du passé, la constitution même de l'Institut faillit éprouver une altération profonde, par la substitution d'idées étroites et rétrogrades, à la grande et libérale pensée de la Convention et du Consulat. Tout le monde connaît l'ordonnance de 1816, qui réorganisa, ou désorganisa l'Institut. Ce fut aussi sous l'influence de velléités de retour à l'ancien régime que fut rédigée une ordonnance du 4 août 1819, non insérée au Bulletin des lois, contre-signée Decazes, mais dont l'auteur véritable fut M. de Mirbel; laquelle, par un règlement détaillé qu'elle approuva, rétablit la constitution de l'École, à peu près sur le modèle des anciennes Académies de peinture, de sculpture et d'architecture. Une première ordonnance, de 1814, avait réglé que les professeurs y seraient nommés par le roi, sur double présentation de candidats, par l'Institut et par l'École. Plus tard, l'École obtint la présentation exclusive de ces candidats. Elle devait en présenter deux; elle n'en présenta bientôt qu'un seul. Enfin, l'ordonnance de 1819 lui accorda l'élection directe, à la seule condition de la sanction approbative du gouvernement. Or, l'élection fit de l'École une adjonction de l'Académie des beaux-arts; et, le jugement des grands prix de Rome y aidant, le résultat de cette ordonnance fut d'identifier de nouveau ce que la révolution avait divisé, l'École des beaux-arts et l'Académie du même ordre, de l'Institut; de telle sorte que l'œuvre de séparation de 1796, du consulat et de l'empire, fut détruite. L'Académie des beaux-arts, l'École des beaux-arts et l'École de Rome devinrent encore, par l'influence du temps, une seule et même institution, tandis que la tendance du siècle avait été d'assurer à chacune d'elles une indépendance qu'on peut croire nécessaire. L'Institut est la plus haute expression de l'opinion, dans les sciences, les lettres et les arts, mais à la condition de rester au palais du quai Conti. Si vous l'envoyez à l'*École*, quelle qu'elle soit, il ne sera plus qu'une corporation. Les critiques ne tardèrent donc pas à se produire.

Déjà, vers 1816, Géricault, dans une lettre mémorable qui a été imprimée, manifestait d'énergiques regrets sur l'organisation altérée de l'École française de Rome. Je ne reproduirai point cette lettre, expression vraie d'un sentiment général. Après l'ordonnance de 1819, les réclamations furent plus vives et mieux fondées. Cette ordonnance était considérée comme une résurrection du passé : les grands artistes alors vivants, tels que Girodet et Gros, qui l'avaient provoquée ou approuvée, parce qu'elle leur rappelait une jeunesse heureuse et brillante, furent accusés d'avoir voulu rétablir l'ancien régime, dans les arts, et substituer le tribunal d'une École au tribunal du public. A tort ou à raison, telle était l'impression produite, et pendant dix ans, sous la restauration, l'ordonnance a été ainsi jugée. Tous les contemporains peuvent se souvenir d'avoir entendu ce langage, dans la bouche de ceux qui discouraient de l'art, à cette époque. Sans allusion à l'École des beaux-arts, dont il n'avait pas à parler, l'un des plus glorieux représentants de notre génération, l'auteur illustre du *Salon de 1824*, attaquait le jugement exclusif des œuvres d'art par les artistes eux-mêmes. « Ils sont, disait-il, incapables de prononcer. Ils « jugent bien de l'exécution, c'est-à-dire de l'emploi des « moyens d'expression ; mais ils ont les préjugés d'état, « les habitudes invincibles et fausses que l'exercice d'une « profession donne toujours ; quelquefois ils sont préoc- « cupés d'une couleur, d'un style, et, outre cela, ils man- « quent souvent de la poétique générale des arts. Enfin, ils « sont tout à fait dépourvus de l'impartialité nécessaire « pour bien juger ; et si les rivalités existent partout, « nulle part elles ne sont plus violentes que chez les ar- « tistes. » Et il concluait en proclamant comme le juge suprême, en fait d'art, le public éclairé, c'est-à-dire celui qui, joignant la connaissance suffisante des moyens d'exécution à la poétique générale de tous les arts, possédait le sentiment simple et vrai de ce qui est propre à chacun et de ce qui doit être commun à tous.

L'art est né des maîtrises, je le sais ; ou plutôt l'art s'est échappé des mains de l'homme, en dépit des maîtrises et jurandes. Nous admirons ses vieux monuments ; nous les couvrons d'or, pour les posséder ; mais nous ne voudrions pas, pour cela, rétablir ni les écoles tracassières d'où il est sorti, ni leurs règlements vexatoires. Les temps modernes sont faits pour d'autres institutions ; et, s'il plaît à Dieu, ni l'art ni le génie n'auront à gémir de l'avénement d'un peu de liberté sur la terre.

Quoi qu'il en soit, il est de notoriété publique, aujourd'hui, que, dans les premières années du gouvernement de Juillet, la réforme de l'ordonnance de 1819 avait été proposée et même résolue, M. de Montalivet étant ministre de l'intérieur. Une cause accidentelle en fit ajourner l'exécution. Ceux qui ont connu M. Cavé, lui ont entendu souvent exprimer des regrets, à cet égard ; mais les pièces principales du dossier ont été publiées et jettent une vive lumière sur la question. Elle revint à l'ordre du jour, en 1848. Un écrit publié par la *Revue des Deux-Mondes*, et sorti de la plume d'un critique spirituel et accrédité, appela de nouveau l'attention publique sur l'opportunité de la modification des règlements constitutifs de l'*École des beaux-arts* et de l'*École française de Rome*. Cet écrit était l'expression d'une opinion très-répandue ; il ne rencontra pas de contradicteurs. Des études furent ordonnées par l'administration ; mais les événements politiques détournèrent facilement les esprits de la préoccupation paisible du progrès des beaux-arts. On s'accordait alors généralement à croire que la séparation de l'École et de l'Académie, commencée par les fondateurs de l'Institut, devait être définitivement consommée ; et qu'une organisation plus favorable au libre essor du talent, plus généreuse et plus intelligente dans les moyens d'instruction offerts aux élèves, plus libérale pour les maîtres eux-mêmes, devait être adoptée. La publication très-remarquée de M. Gustave Planche ralliait à peu près tous les esprits. En 1851, la question fut reprise, et j'ai la certitude qu'une commission fut désignée, à l'effet de préparer un règlement. On mit peu de précipitation à y pourvoir, et c'est aujourd'hui seulement qu'un décret de réorganisation a été présenté à la signature de l'Empereur.

Il a été proposé au ministre des beaux-arts par un de nos confrères, chef d'un grand service public, qui dirige l'administration de nos musées, depuis longtemps, à la satisfaction générale du pays ; connu de toute l'Europe par son talent, par sa bienveillance, par son zèle pour la prospérité des riches établissements confiés à ses soins ; et le ministre des beaux-arts est lui-même un de nos confrères, particulièrement respecté, parmi nous, et pour qui les intérêts de l'Institut ont toujours été l'objet d'une préoccupation qui l'honore.

Voilà, Monsieur et illustre confrère, voilà comment la situation se dessine au yeux du public impartial et désintéressé. Il apparaît à tous qu'il y avait motif plausible de réforme, et la bonne intention d'améliorer n'est pas douteuse, dans les réformateurs. L'amélioration est-elle assurée par la réforme? C'est une autre question, qui se pouvait, qui se doit encore examiner; mais l'explosion trop vive, dont votre lettre a été le signal involontaire, n'est-elle pas regrettable? Une discussion calme ne convenait-elle pas mieux que des récriminations personnelles, à l'intérêt de l'art, à la dignité d'un grand corps, à la défense de l'intérêt public? La gravité du sujet, ma déférence pour votre autorité, mon admiration pour votre talent, préserveront, à coup sûr, ma plume de tout écart semblable.

Il y a deux points principaux à remarquer, dans le décret du 13 novembre : la réorganisation de l'École des beaux-arts, et le règlement nouveau de l'École française de Rome. Examinons rapidement, et les dispositions nouvelles, et les critiques dont elles ont été l'objet.

1° L'ÉCOLE DES BEAUX-ARTS.

En ce qui touche la réorganisation de l'École des beaux-arts, j'ai rencontré, à vrai dire, peu de monde qui s'en montrât chagriné. Les esprits éclairés et libéraux y ont généralement applaudi. Des intérêts individuels ont été froissés, sans doute; une équité bienveillante y doit pourvoir : c'est le désir universel. D'honorables susceptibilités ont été provoquées, peut-être; le temps, la réflexion, l'estime, en effaceront l'impression passagère :

c'est un espoir légitime et motivé. Mais pour l'institution ancienne elle-même, elle est abandonnée par l'opinion. Les jeunes artistes trouvent un avantage trop marqué au nouveau régime, pour regretter le vieux. De leur côté, il ne s'élève aucune réclamation sérieuse, malgré le juste attachement qu'ils professent pour des maîtres que le public honore avec eux. Ils étaient réduits à solliciter, avec importunité, ou à payer, à leur dam, l'accès des ateliers particuliers; l'État leur offre désormais ce qu'ils n'avaient pas, des ateliers, une bibliothèque, des galeries, et un enseignement plus complet. L'administration a été séparée de l'enseignement, et cette réforme assure l'amélioration du service de l'École. Il en est de même de la direction spéciale de l'enseignement, en vue de chacune des grandes applications de l'École, à la peinture, à la sculpture, à l'architecture, à la gravure; tandis que jadis tous les élèves étaient confondus, dans un enseignement commun, sans égard à la destination future de chacun d'eux.

Notre excellent et judicieux confrère, M. Léon Cogniet, nous apprend lui-même, en donnant sa démission si regrettable, qu'*il acceptait sans contrôle : 1° l'administration séparée du professorat; 2° la création d'un ou plusieurs ateliers de peinture; 3° chaque section dirigeant exclusivement ses élèves spéciaux.* Cette déclaration loyale d'un opposant est précieuse à recueillir. Elle me semble justifier le décret; car, en ces trois points capitaux, gît toute la réforme.

La pratique ancienne a fait son temps; si elle avait produit de bons résultats, à une autre époque, grâce à la sagesse des personnes, il n'en était plus de même à ce jour, où tant de choses avaient changé, et où le service de l'École n'était plus lui-même ce qu'il était, il y a quarante ans. N'est-ce pas se tromper sur le mérite d'une institution, que de la juger par ce qu'elle fut un demi-siècle auparavant, sous l'empire d'idées, de mœurs et d'habitudes qui n'existent plus? A travers le prisme de votre passé si brillant, vous regrettez toutes choses, dans le régime ancien, qui vous apparaît si florissant; vous approuvez le cumul de l'administration et du professorat; vous affirmez que tout allait au mieux, sans ateliers; que nul n'avait sujet de se plaindre d'un enseignement commun, applicable à tous les élèves indistinctement; vous assurez que nul n'avait jamais réclamé, sans doute parce que vous avez oublié qu'une réforme avait été résolue il y a trente ans, et redemandée il y a quinze ans. Vous ne voulez même pas qu'on professe spécialement l'art et les procédés de la peinture, à l'École des beaux-arts. Cette innovation vous choque : *le dessin est tout*, dites-vous; *c'est l'art tout entier*. Dieu me garde de nier l'importance du dessin; mais, pardonnez-le moi, malgré l'autorité de votre opinion, je ne puis m'empêcher de douter que ce soit là l'*art tout entier*.

L'office du dessin est de représenter les corps et leurs formes diverses. J'en conviens : selon la rigueur de la méthode, le dessin est le premier, l'indispensable mérite d'une peinture.

Mais ne compterons-nous pour rien et la distribution de la lumière, et la vérité de la couleur? Chacune de ces deux parties n'est-elle pas aussi un *art tout entier?* O grand maître! ce n'est pas vous qui pourrez ne considérer, dans l'art, que les mérites matériels. Quand on regarde vos ouvrages, on y devine des qualités plus relevées. Aussi sont-ils admirés, non-seulement par ceux dont la compétence particulière est d'apprécier le dessin, mais encore par le public éclairé tout entier, qui est le meilleur des juges, parce que ses facultés ne tiennent point à la profession, mais qu'elles viennent de l'âme et de l'esprit, et que vos ouvrages parlent à l'âme et à l'esprit, dont le public éclairé, n'en déplaise aux gens du métier, est aussi abondamment fourni qu'eux-mêmes. *Le dessin est tout;* et la conception, l'ordonnance du sujet, qu'en faites-vous? l'expression qui donne la vie, qu'en pensez-vous? Ne faudra-t-il jamais en parler aux jeunes artistes? C'est comme si l'on disait qu'un cours de poésie se borne au traité de la versification.

Ce qui nous frappe, surtout, et avec raison, dans les produits de l'art, soit qu'ils s'appellent peinture, sculpture, ou littérature, c'est la grandeur des pensées, la vivacité du sentiment, la vérité de l'expression : la correction du dessin joue le rôle de la correction du langage. L'une, comme l'autre, sont indispensables au peintre, ainsi qu'à l'écrivain; mais le génie peut quelquefois s'en passer. Nous avons de grands écrivains qui sont fort incorrects. Ne pardonnerez-vous point à Michel-Ange ses incorrections? Corrège dessinait médiocrement. Ce qui nous reste de dessins de lui est très-peu de chose. Ce ne sont, pour la plupart, que des études fugitives, des premières pensées, rapidement jetées. Il y en a peu de compositions entières, et ces compositions ne sont encore que d'informes croquis. « Où trouve-t-on des « dessins du Corrège qui soient arrêtés? » s'écrie un grand connaisseur, Mariette; « il n'en a peut-être jamais « fait de ce genre. Content d'avoir ses idées arrangées « avec netteté dans la tête, il peignait, sans trop s'épui- « ser à dessiner, et voilà sans doute la cause de ce qu'il « y a tant de verve dans ses productions. »

Par contre, de grands dessinateurs ont été de médiocres artistes. Connaît-on aujourd'hui le nom de Lafage, dont toute l'Europe s'arrachait les dessins, au dix-septième siècle, et dont les ouvrages remplissent encore aujourd'hui, à peu de frais, les cabinets des curieux? « Le « dessin lui devint si familier, au dire de Mariette, que, « sans aucune préparation, il exécutait du premier coup « tout ce que son imagination lui suggérait. On l'a vu « commencer un dessin qui devait être composé d'un « très-grand nombre de figures, par un point qu'on lui « avait marqué, et de là, cheminant toujours, couvrir en « peu de temps tout son papier de figures qui formaient « ensemble le sujet qu'on lui avait proposé. Il fit sou- « vent cette épreuve, en présence des maîtres de l'art, « qui, surpris de sa facilité de dessiner, n'admiraient pas « moins la science profonde qu'il mettait dans son des- « sin ; car Lafage savait parfaitement l'anatomie, et, tout « praticien qu'il était, il formait toutes ses parties avec « beaucoup de précision. » Mais cet homme, si bien doué, n'entendait rien au clair obscur, et lorsque du trait rapide il passait au fini, son dessin devenait froid et languissant; l'expression était lettre close pour lui. Il ne savait que dessiner. Il ne reste de lui que des objets de curiosité, qui n'ont pas d'importance, au point de vue de l'art. Je pourrais citer bien d'autres exemples.

Ce n'est pas à dire qu'on doive négliger le dessin; mais ce n'est pas l'*art tout entier*. Les grands maîtres ont beaucoup dessiné. Ce que la curiosité a recueilli de dessins des anciens maîtres est prodigieux. Michel-Ange et Raphaël ont été les plus merveilleux dessinateurs qui aient paru, depuis la renaissance des arts, non-seulement par le mérite de leurs dessins, mais encore par la quantité qu'ils en ont produite. Je déplore, comme vous, la négligence moderne à ce sujet; elle provient de causes diverses, que je ne veux ni indiquer, ni examiner; il est certain que les grands artistes du temps passé nous ont laissé d'autres exemples. Lesueur dessinait, avec un soin admirable, les études qu'il préparait pour ses tableaux.

Il en tenait la méthode et la pratique de son maître Vouet. Les dessins qu'il a composés, pour sa galerie de Saint-Bruno, et qui sont aujourd'hui réunis au Louvre, ou dispersés dans les collections privées, sont d'un fini et d'un arrêté merveilleux ; et, chose rare ! l'expression en est peut-être supérieure à celle de la peinture. L'effet que produit, dans un dessin que j'ai possédé, le chartreux prosterné aux pieds de saint Bruno, couché sur son lit de mort, est bien autrement saisissant dans le dessin que dans le tableau. Ce n'est point, du reste, aux élèves seulement qu'il faut adresser, aujourd'hui, le reproche de peu dessiner, c'est aux maîtres eux-mêmes ; et des maîtres la négligence a gagné le public. La grande curiosité des cabinets de dessins est presque passée de mode. Les magnifiques cabinets de Jaback, de la Noue, de Crozat, de Mariette, du duc de Tallard, de Nourrit, de M. de la Goy, de M. de Calvière, ont disparu pour toujours de la propriété privée. Quelques rares exceptions perpétuent un goût si précieux, mais la vogue et l'opulence ne se portent plus de ce côté. Ce prodigieux cabinet de Crozat, où étaient conservés dix-huit mille dessins des anciens maîtres de toutes les écoles, quel financier nous le rendra, pour nous faire bénir sa fortune ?

Nous revenons à l'École des beaux-arts et au décret du 13 novembre. Sans être aussi exclusif, tout esprit sage partagera votre sentiment sur l'importance du dessin. Mais, ô mon illustre confrère ! il n'est dit le contraire, ni dans le Rapport, ni dans le Décret ; je crois même que l'étude du dessin sera plus régulière, dans la nouvelle organisation que dans l'ancienne. Ainsi, par exemple, l'École des beaux-arts comptait douze professeurs de dessin ; sept peintres et cinq sculpteurs. Ces douze professeurs se partageaient l'enseignement, donné en commun à tous les élèves, de façon à ne donner personnellement qu'un mois de leçons, dans l'année. Croit-on cette méthode avantageuse, pour le progrès des élèves? Chacun de ces maîtres ne voyait-il pas la nature à sa manière, et n'apprenait-il pas l'art de l'imitation à sa guise? et le passage si répété d'un enseignement à l'autre ne devait-il pas, à chaque instant, porter le trouble dans l'esprit des élèves, la contradiction dans les conseils des maîtres, et l'anéantissement dans l'autorité?

Mais là n'est pas toute la question ; elle consiste à savoir si, avec le dessin, il n'est pas bon d'enseigner, à l'École, quelque autre chose; c'est-à-dire, tout d'abord, aux peintres, les procédés matériels de la peinture. Or, en ce point, il y a une autorité qui, je l'avoue, m'inspire autant de confiance que la vôtre, quelque grande qu'elle soit, c'est l'autorité de tout le monde; c'est l'autorité de l'expérience. Si une génération de grands artistes que nous avons vu s'éteindre, avait mieux connu les propriétés et la nature de la terre de Cassel, nous n'aurions pas le chagrin de voir la couleur de tant de beaux ouvrages perdue, pour la postérité. Il y a quarante ans qu'un homme qui s'entendait en esthétique, M. Keratry, demandait qu'on professât aux peintres et la chimie et les procédés matériels de leur art. Le décret réalise, à ce sujet, un vœu général. Qu'un homme de génie, que le Poussin, que le Titien peut-être, que M. Ingres après eux, n'aient pas eu besoin de ce professorat, cela ne dispensait point une administration avisée d'en assurer les bienfaits, en faveur de génies moins heureux. C'est comme si nous supprimions l'enseignement élémentaire des mathématiques, dans nos écoles, par la raison que Pascal était arrivé tout seul jusqu'à je ne sais quelle proposition d'Euclide.

Quant à la constitution du professorat de l'École, il faut bien le reconnaître, elle n'était plus conciliable avec l'organisation des pouvoirs dans l'État. J'accorde que, grâce au bon esprit des professeurs, il n'y eût pas d'abus marqué ; mais comment défendre, dès qu'elle est dévoilée, une organisation qui fait, d'une École, un état dans l'État; qui lui attribue une souveraineté véritable ; qui lui garantit la possession transmissible et en quelque sorte héréditaire de l'enseignement ; un système qui tend à faire d'une grande institution un cloître, un couvent, à la place d'une École publique de l'art? Qui pourra croire que dans un État bien administré il existait une école publique, payée par l'État, et où l'État était exclu de toute influence et de tout droit de gouvernement; où les professeurs, réunis en assemblée, administraient l'École comme ils l'entendaient? où ils élisaient eux-mêmes, tous les ans, leur directeur? où ils nommaient à tous les emplois, sans autre formalité que d'informer le ministre de leur décision? où le recrutement du professorat avait lieu par la simple élection, sans que l'État crût avoir le droit d'y refuser sa sanction? où, enfin, les professeurs étaient les seuls juges des règles et pratiques à observer, soit dans la direction de l'école, soit dans l'admission des élèves, soit dans les conditions de l'enseignement, soit dans la distribution des récompenses? En un mot, l'École était l'État lui-même. Le vrai ministre des beaux-arts était le directoire de l'École, identifié avec une ou deux sections d'une Académie. Voilà le vrai des choses. Fallait-il attendre qu'une énormité se produisît, pour ranger à la règle du droit général un si utile établissement, pour mettre l'enseignement de l'art en harmonie avec la constitution commune du professorat, en France? Les titulaires pouvaient-ils raisonnablement espérer de voir perpétuer un tel état de choses, et ne suffisait-il pas de la publicité pour le rendre impossible? Le bon sens n'en commandait-il pas le sacrifice, et aux professeurs-administrateurs, et à l'État lui-même?

La réforme de l'organisation était donc inévitable. Le droit de l'État était d'y porter la main. L'a-t-il fait avec mesure, avec sagesse? C'est le point à discuter. Eh bien, il me semble que oui. Si le bruit est venu, qui l'a provoqué? Vous le savez, et nous devons le regretter. L'enseignement est une fonction, et non pas un patrimoine. L'intérêt public n'en permet pas l'appropriation. Nul ne peut prétendre aujourd'hui à la propriété d'une charge publique, à moins d'être atteint de folie. L'inamovibilité du juge est une garantie publique, et non la consécration d'un droit privé. C'est compromettre un corps savant que de le pousser à de telles prétentions. Le Décret n'a méconnu aucun droit à cet égard; il a au contraire rétabli le droit sur sa base. Les mesures décrétées peuvent être trompeuses, quant aux résultats; mais le droit de l'État est incontestable.

Le décret du 13 novembre 1863 ne nous semble entaché d'aucune illégalité, d'aucune irrégularité, en ce qui touche la réorganisation de l'École des beaux-arts. Elle n'avait été organisée que par un règlement ministériel, annexé à une simple ordonnance d'approbation, celle du 4 août 1819. Le décret a fait, à l'École, plus d'honneur; il a réglé directement les conditions nouvelles de l'administration et de l'enseignement. Ce qu'un simple arrêté, confirmé par une ordonnance, avait établi, un décret impérial pouvait le défaire; et il n'était pas plus nécessaire en 1863, qu'en 1819, de recourir, pour un objet pareil, aux formes des règlements d'administration publique, c'est-à-dire à l'intervention du conseil d'État. Le décret du 13 novembre était affranchi de cette forme solennelle, soit par l'objet auquel il s'applique, soit par la nature de ses dispositions. La prétention contraire ferait rire à nos dépens les membres du conseil d'État. Quant à l'enseignement et aux chaires de l'École, elles n'avaient d'autre raison d'être que le règlement ministériel dont je viens de parler; le décret du 13 novembre a pu en disposer comme il le trouvait bon. Sans doute, le règlement de 1819 flattait les professeurs d'une possession viagère. Il y a eu espérance trompée, mais non illégalité, non irrégularité, dans le procédé du Gouvernement, substituant une institution nouvelle à une institution ancienne qu'il avait le droit de modifier, de changer, de supprimer, s'il le trouvait nécessaire ou utile.

Les professeurs de l'École des beaux-arts n'étaient malheureusement pas dans la condition de professeurs de l'Université congédiés arbitrairement. Ils ne peuvent arguer, ni de propriété violée, ni d'acte arbitraire. La réorganisation d'un service public est dans les attributions ordinaires du pouvoir exécutif. Un officier ne peut perdre son grade que par un jugement; mais son commandement est toujours à la disposition du ministre ou du général en chef. Dans l'Université, nous avons toujours distingué, de même, le titre et la fonction. L'intérêt public met celle-ci dans la main du ministre. Le titre ne se perd point aussi facilement. Mais, je le répète, telles n'étaient pas les garanties attachées aux chaires fondées à l'École des beaux-arts, par le règlement approuvé du 4 août 1819. Tout pouvait et devait tomber avec une organisation nouvelle. Il est du devoir d'une administration paternelle de réparer le préjudice causé à de pareils personnages : elle le fera; mais ce n'est point au nom de la propriété violée que ceux-ci peuvent réclamer.

Le changement introduit par le décret, dans la nomination des professeurs, n'est donc que l'application du droit commun qui nous régit, et le règlement nouveau de leurs attributions n'est que la conséquence naturelle de la séparation des fonctions administratives et des fonctions d'enseignement. La nomination d'un directeur de l'École est conforme à ces principes; et, à ce sujet, comment ne pas regretter ces quelques lignes échappées de votre plume, à propos d'un de vos plus honorables confrères? Il y avait sans doute, dans l'Académie des beaux-arts, d'aussi bons choix à faire que celui de M. Robert Fleury; il n'y en avait pas de plus digne, ni de plus autorisé.

Quant à l'établissement d'un conseil supérieur auprès de l'École, il est approuvé de tous les bons esprits. C'est une garantie précieuse et un complément heureux de la réforme accomplie. Si l'on se souvient de l'influence salutaire qu'une institution de ce genre a exercée sur l'enseignement d'une autre grande école, on peut espérer que le conseil supérieur, à l'École des beaux-arts, produira aussi les meilleurs résultats. Combinée avec la séparation de l'administration et du professorat, la création d'un conseil supérieur, demandé depuis si longtemps (voyez la *Revue des Deux-Mondes* du 15 novembre 1848), composé d'artistes éminents et de personnes notoirement éclairées, en matière d'art, est un obstacle à la routine, une porte ouverte à la liberté de l'esprit et de l'inspiration. Ce conseil introduira les tempéraments du bon sens et l'influence de l'opinion publique, en face de la rigueur de l'école et de l'esprit de corps. Si le résultat trompe notre espérance, l'espérance n'est pas moins légitime et l'intention inattaquable.

Autres nouveautés. Les jeunes artistes demandaient avec instance des ateliers: l'École leur en fournira, dont la direction sera confiée à des maîtres éprouvés, lesquels seront nommés et rémunérés par le Gouvernement, et où les élèves trouveront tous les moyens d'instruction pratique, et d'émulation féconde, qu'ils cherchent vainement dans la capitale, à cette heure.

Je lis, dans l'art. 11 du décret, que l'École des beaux-arts offrira désormais à ses élèves trois ateliers de peinture, trois ateliers de sculpture, trois ateliers d'architecture, un atelier de gravure en taille-douce, un atelier de gravure en médailles et pierres fines.

Les jeunes artistes étaient obligés de chercher, hors de l'École, un professeur spécial, pour apprendre de lui la pratique de la peinture et de la statuaire; ils trouveront désormais cet avantage dans l'École. Mais, naguère, ils étaient assujettis à recevoir tous le même enseignement commun; comme si l'application de l'art du dessin était ou pouvait être la même pour le peintre, pour le sculpteur, pour l'architecte, pour le graveur; comme s'il était indifférent de tenir compte du but spécial des études; comme si ce but spécial devait être ignoré à l'École. Le peintre, le sculpteur, le graveur, interprètent la nature chacun selon le génie de leur art, et au moyen d'une expression et d'un instrument différents. Le ciseau, le pinceau, le burin, ne travaillent pas dans le même champ; et qui donc, si ce n'est le peintre, le sculpteur et le graveur, peut enseigner comment il faut interpréter la nature, pour la reproduire dans la langue qui est propre à chacun d'eux? Voyez le dessin de Michel-Ange ou de Puget, celui de Lesueur ou de Raphaël, celui de Cellini, de Gérard Audran, de Wille ou de La Belle! Il faudrait être bien novice pour n'y pas distinguer la manière différente du sculpteur, du peintre et du graveur. C'est l'A B C des connaissances, en fait d'art.

D'autres lacunes aussi regrettables étaient signalées depuis trente ans. Ce grand art de la gravure qui était l'honneur de l'École française, tout le monde sait la condition fâcheuse que les circonstances lui ont faite. Indépendamment des causes d'abandon que j'appellerai extérieures, certaines causes intérieures pouvaient déterminer la décadence d'un art où la France est restée si longtemps sans rivale; il n'y avait point, à l'École des beaux-arts, de cours de gravure, bien que dans les procédés matériels de cet art, surtout pour les pierres et médailles, il y eût si ample matière d'enseignement. On avait pu s'en passer, il y a cent ans, jusqu'à un certain point, parce que tous les grands peintres s'appliquaient autrefois à manier la pointe ou le burin, en même temps que la palette. Aussi les professeurs ne manquaient-ils pas, à l'Académie ancienne de peinture, de montrer les éléments de l'art du graveur. Les élèves trouvaient dans les académiciens, c'est-à-dire dans les peintres professeurs, des maîtres de gravure, au moins à l'eau forte, en même temps que des maîtres de peinture. Mais, au dix-neuvième siècle, où les peintres ont à peu près abandonné la gravure, l'École des beaux-arts n'avait personne qui enseignât l'art de Nanteuil et des Audran.

Par un nouvel effet de l'influence du temps, une autre lacune était remarquée à l'École moderne des beaux-arts. Colbert avait voulu qu'à l'Académie d'architecture, par lui fondée, la partie juridique et si nécessaire de l'éducation de l'architecte fût l'objet d'un enseignement particulier. Tout le monde sait que le célèbre architecte Desgodets avait composé, pour l'usage de l'académie dont il était membre, un livre qui, jusqu'à nos jours, est resté en possession d'une autorité classique, *les Lois des bâtiments:* livre dont la réputation subsiste encore, sous notre droit nouveau, et dont les nombreuses éditions, annotées par d'autres architectes académiciens, attestent l'utilité. Or, par des motifs divers, *les Lois des bâtiments* n'étaient plus professées, à l'École du dix-neuvième siècle. Il en sortait des architectes ignorant les obligations exceptionnelles que la loi leur impose, et les droits spéciaux qu'elle a consacrés en leur faveur. On ne leur faisait connaître, ni les règlements juridiques de tout ordre, civil et administratif, qui les concernent, ni la pratique des opérations sur le terrain. Ces deux parties importantes, d'où dépend la bonne exécution des constructions publiques, et quelquefois la conservation de la fortune privée, seront désormais, je l'espère, l'objet d'un enseignement spécial, et d'une application nécessaire.

Aucune de ces utiles réformes n'a trouvé grâce à vos yeux. Je ne puis croire qu'un homme aussi éminent que vous ait écrit ces lignes :

« Il n'est point nécessaire de créer des chaires nou-
« velles à l'École, ENCORE MOINS DES ATELIERS PRÉPARA-
« TOIRES. L'École n'enseigne et ne doit enseigner que les
« trois grands arts : la peinture par le dessin, la sculp-
« ture et l'architecture. » Mais passons.

S'il est une idée juste, libérale, et qui soit favorable au progrès, comme à la conservation du goût, c'est celle de développer l'éducation littéraire des jeunes élèves appliqués à l'apprentissage de l'art. Il y a longtemps qu'on se plaignait que l'instruction générale des artistes était négligée. Correctement dessiner ne suffit pas, on a beau dire, pour faire un bon tableau. Qu'est-ce qu'un tableau, si ce n'est un poëme? Est-il assez de l'art médiocre de tourner les vers, pour composer un poëme? N'étiez-vous pas nourri d'Homère, quand vous avez peint ce beau tableau de Jupiter et Thétis, et cet admirable plafond du Louvre, si palpitants du sentiment de l'antiquité? Daignez vous souvenir des études littéraires que vous a coûtées votre chapelle Sixtine. Et ce spiritualisme élevé qui vous distingue, est-il l'œuvre seule du dessin?

Le règlement lui-même de 1819 voulait qu'on enseignât l'histoire et l'archéologie. *Le dessin est tout;* la culture de l'esprit chez l'artiste, faut-il donc la compter pour rien? Je ferai un reproche au décret du 13 novembre : c'est de s'être arrêté, dans l'excellente voie où il entrait. L'absence de littérature, chez l'artiste, exerce une influence pernicieuse sur ses œuvres. Une chaire de littérature générale eût été d'une incontestable utilité à l'École des beaux-arts. Le critique dont j'ai déjà cité l'opinion la demandait en 1848. Phidias, au dire de Plutarque, était le plus lettré des hommes; et le Poussin n'avait-il pas vécu d'histoire et de poésie? Michel-Ange n'était-il pas poëte, lui-même? Vous avez connu ce grand peintre qu'on nommait Gérard; y avait-il un esprit plus cultivé? Si nos jeunes élèves allaient voir, demain, les fresques historiques de Kaulbach, à Berlin, ils n'y comprendraient rien du tout; hélas! comprennent-ils davantage l'École d'Athènes? Expliqueraient-ils couramment cet autre poëme plus facile, qu'on appelle le monument du grand Frédéric, de Rauch?

Un abrégé d'histoire sainte, et le dictionnaire de la Fable, ne suffisent donc point à la bibliothèque de l'artiste. L'étude et la copie des modèles ne développent pas seuls le génie et le goût. Léonard, Raphaël et Michel-Ange ont étudié, admiré l'antique; mais ils ont encore abreuvé leur talent à une autre source que celle de l'imitation. A vrai dire, ils n'ont imité personne; ils ont reproduit la nature qui les entourait, ou que leur génie érudit leur faisait deviner. Raphaël n'a été lui-même, que lorsqu'il a quitté la manière du Pérugin son maître. Pour s'élancer ainsi, plein de vigueur, dans le champ de l'inspiration et de la liberté, il faut avoir l'esprit ferme et bien nourri. Quand l'art décline, c'est que l'esprit décline aussi. Voyez à quoi Vanloo et

Boucher ont gaspillé les plus belles facultés! Un artiste ignorant ne produira que des œuvres sans caractère; son esprit superficiel n'imprimera dans le marbre, ou ne fixera sur la toile, aucune pensée profonde. Vous mettrez sous cette figure qu'il a tracée le nom de Parménion, ou celui de Bayard, comme il vous plaira.

Poussant plus loin la prévoyance et le bienfait, l'acte de réorganisation permet que toute idée, toute découverte, toute science qui, de près ou de loin, peut exercer une influence sur l'éducation de l'artiste, ou sur le progrès de l'art, trouve un écho dans l'enseignement régénéré de l'École. « Citons au hasard, dit le Rapport, quel- « ques exemples des leçons (supplémentaires) qui, à notre « sentiment, pourraient être faites avec utilité. Un érudit « s'est occupé de recherches sur les costumes des an- « ciens : qu'il en fasse part aux amateurs de la vérité « historique. Un chimiste a trouvé des couleurs nou- « velles ,ou bien un amateur a découvert quelques procé- « dés des maîtres anciens; qu'ils en démontrent publi- « quement les avantages. Un médecin a étudié le mouve- « ment des muscles produit par les différentes passions; « il aura plus d'une leçon intéressante à faire. Un cri- « tique, enfin, s'est fait une théorie du beau; qu'il « l'explique. » Ces nouveautés ont porté le trouble dans quelques esprits; et le vôtre, si grand et si vigoureux cependant, en a éprouvé un sentiment que vous ne dissimulez pas: « Je m'oppose de tout mon pouvoir à une « pareille innovation... Le rapport voudrait donc qu'au « beau milieu d'un cours, le premier individu pût venir « débiter ses idées, peut-être excentriques, dange- « reuses pour de jeunes têtes, et troubler ainsi l'ordre et « l'harmonie des études? » L'auteur sensé, mais prévenu, de l'*Examen critique*, a éprouvé la même impression. Pauvre liberté! Elle a eu ses erreurs, il est vrai; mais faut-il oublier tout le bien qu'elle a fait aux hommes? Et c'est vous qui lui fermez la porte! A quoi servent le génie, l'esprit et le goût?

Où donc est le danger de laisser faire à l'École des beaux-arts, en face de cinquante élèves, ce qu'on permet de faire partout, à Paris et ailleurs, en face de cinq cents auditeurs : à savoir, un cours public, gratuit, facultatif, fourni sur programme préalablement présenté, et agréé par l'autorité compétente, par toute personne qui croit avoir une idée utile ou nouvelle à produire? J'ai toujours été partisan du *privat docent*. Il est l'âme, maudite quelquefois, mais enfin il est l'âme des universités allemandes, et je ne vois pas de bonnes raisons pour l'exclure des écoles de l'art. Je crois donc, avec M. de Nieuwerkerke, « qu'il y aurait « très-peu d'inconvénients à ce que, dans la même en- « ceinte, on développât des systèmes très-différents, » et que l'imitation servile de la nature, tout comme la recherche du beau idéal, fussent, chacune à son heure, l'objet de quelques réflexions de l'élève. Rien n'est plus vrai, de grands maîtres d'esthétique l'avaient dit : « Tout ce qui peut exciter la pensée chez les élèves « est utile. Il n'y a qu'un danger, c'est qu'ils se repré- « sentent l'art comme une longue allée droite, au bout « de laquelle on arrive avec la seule patience. »

Voilà le mot de la situation actuelle. Les critiques les plus estimés le proclamaient depuis longtemps, et je pourrais citer d'éminents artistes, qui signalaient aussi comme mortelle, pour l'éducation du vrai talent, cette sorte de filière par laquelle l'élève devait patiemment passer, depuis son entrée à l'École de Paris, jusqu'à l'expiration des cinq ans de l'École de Rome. Il ne lui était jamais permis d'être lui-même. Il pouvait être préservé, sans doute, de bien des écueils, mais toute élévation, toute hardiesse, toute originalité, lui était interdite. Avec de la médiocrité docile, il pouvait atteindre le but. Il lui suffisait de toujours copier, d'éviter la contradiction et d'adopter la manière d'un maître, habile sans doute, mais qui ne pouvait prêter son talent personnel à ses élèves, et que ceux-ci étaient condamnés cependant à rencontrer, partout et toujours, pour juge unique de leurs œuvres. Involontairement et malgré lui, l'élève devait aboutir à l'abdication systématique de toute personnalité. J'ai entendu à cet égard les plus curieuses révélations. Il a fallu toute la modération qui distingue les maîtres contemporains que nous honorions à l'École des beaux-arts, pour que la jeune École française fût préservée d'une servilité d'imitation, dont l'esprit national l'a plutôt garantie que nos institutions d'enseignement; et encore a-t-on remarqué, avec une incontestable vérité, la ressemblance désespérante de tous les ouvrages des candidats aux grands prix. Le médiocre, en ce genre, était arrivé au dernier degré de la tolérance. Il était du devoir de ceux qui ont charge d'âmes, d'aviser.

Depuis quinze ans, les connaisseurs autorisés s'épuisaient en doléances. Elles ont enfin abouti à la consécration d'idées qui, en l'absence de contradiction sérieuse, semblaient avoir acquis l'autorité de chose jugée par l'opinion. Je n'y regrette qu'une imperfection, et je suis sûr d'être entendu: c'est la modicité des traitements offerts aux maîtres de la nouvelle École. Je supplie le surintendant et le ministre d'améliorer leur œuvre, par une générosité désirable et même nécessaire. Les traitements fixés par le décret ne sont plus en harmonie avec les exigences du temps où nous vivons.

La réformation, au fond, est donc aussi bien motivée qu'elle est régulière en la forme. Et croyez-le bien, mon très-honoré confrère, lorsque le calme sera revenu, lorsqu'une légitime satisfaction sera donnée à des intérêts froissés, à de justes susceptibilités blessées ; lorsque la vue de l'intérêt public sera claire pour tout le monde ; lorsque le bon esprit du public désintéressé aura fait justice de quelques prétentions inacceptables, l'approbation unanime confirmera ce que l'initiative d'un administrateur éclairé a proposé ; et l'on reconnaîtra qu'il était impossible que le régime aboli subsistât plus longtemps. Un gouvernement régulier ne pouvait consentir à se voir imposer, en quelque manière et sous un nom déguisé, un ministère des beaux-arts, perpétuel et inamovible ; le bon sens et la prévoyance auraient pu, depuis longtemps, avertir de ce danger. Il eût été prudent de provoquer soi-même, en temps opportun, une réorganisation, qu'on aurait obtenue à de meilleures conditions. On aurait sauvegardé alors des intérêts, qui ont notre sympathie, mais pour la défense desquels le bon sens nous défend de franchir certaines limites, et surtout de prendre certains moyens, comme celui de faire émeute, ou de provoquer un irritant débat, dans lequel un grand corps ne peut et ne doit s'engager, quand il a pour contradicteur le droit et l'intérêt de l'État. Demeurons un corps savant ; le but est assez beau pour ne pas souhaiter mieux. Nous n'avons ni la mission, ni a responsabilité des résolutions d'État. Administrer les arts, c'est encore gouverner : or nous n'avons pas la charge du gouvernement.

Sans doute les questions de gouvernement nous intéressent comme citoyens, et comme citoyens d'un pays libre : à ce titre, elles sont de notre domaine ; nous pouvons même les discuter, avec discrétion, à l'Institut, à un point de vue purement spéculatif ; mais non au point de vue de l'action, de la contestation, de la prétention à participer au gouvernement, et surtout avec le bruit d'une publicité compromettante. Le débat nous livrerait au ridicule, et nous conduirait à notre perte. Les parlements se sont perdus à ce jeu; l'Institut n'y résisterait pas lui-même. En un mot, l'Institut n'est pas un pouvoir public; il n'a point de rôle sur le théâtre de la société politique. Il exerce paisiblement un immense pouvoir, sanctionné par la loi, dans la région supérieure et sereine de la science et de l'art. Ainsi considéré, il est, à coup sûr, une grande puissance morale, dans la société; mais à la charge de rester dans sa sphère. Je n'entends pas, à ce sujet, rien apprendre à des confrères que je respecte et que j'honore, mais simplement donner mon avis, sur une situation qu'on a faite, malgré lui, au corps illustre dont je fais partie.

2° DES GRANDS PRIX DE ROME.

J'arrive à la seconde et plus grande question que soulève le Rapport de M. de Nieuwerkerke et que tranche le Décret: celle des grands prix de Rome, et du régime de l'École que la France entretient dans la capitale de la chrétienté. Là est la difficulté sérieuse et sujette à controverse, que présente la réforme opérée. La cause de l'École ancienne de Paris est, croyez-le, perdue. Il en faut faire son deuil, et n'en accuser ni M. de Nieuwerkerke, ni M. le maréchal Vaillant. Le coupable, c'est tout le monde. La question douteuse est celle du jugement des grands prix de Rome; du moins c'est celle qui, au point de vue de l'intérêt de l'art, et de l'avantage public, me touche le plus sensiblement. Je crois, toutefois, qu'on a fait fausse route, sur cette question, comme sur la première. Si nul n'est propriétaire du droit d'enseigner, nul n'est propriétaire aussi du droit de juger. L'État peut revendiquer pour lui, à titre de souveraineté, le droit d'enseigner, ou en disposer comme il l'a fait en 1850, en proclamant la liberté, à des conditions déterminées. Le droit de juger est, de même, un droit de souveraineté inaliénable. S'il s'agit de prononcer sur la liberté, la propriété, l'état des personnes, au pouvoir souverain seul il appartient d'instituer des tribunaux, et d'en révoquer ou modifier le mandat. Si l'État institue des encouragements pour favoriser l'exercice et l'enseignement de l'art, il a, sans doute, le droit d'en indiquer les juges, puisqu'il est souverain ; mais, s'il n'en a pas autrement disposé, c'est une attribution qui appartient nécessairement au pouvoir exécutif. Comme il ne s'agit là, ni de propriété privée, ni de liberté politique, ni de capacité civile des personnes, mais seulement d'une fonction administrative, le pouvoir administratif agit dans sa sphère naturelle, lorsqu'il organise et règle les moyens d'assurer le progrès des sciences et des arts. Le pouvoir législatif exerce un contrôle, sur ces actes, par le moyen des finances, mais, au fond, la matière n'est pas de sa compétence naturelle et ordinaire. Voilà les principes du bon sens et du droit qui nous régit.

Avant la grande révolution de 1789, il y avait, dans nos deux Académies des arts, des concours annuels, dont les lauréats étaient entretenus, aux frais de l'État, à notre École française de Rome, pendant un temps déterminé. C'étaient les Académies qui, chacune dans sa spécialité, donnaient leur avis sur le mérite des œuvres présentées au concours ; le roi confirmait cet avis, et, au nom du roi, les prix étaient décernés. Telles étaient la forme et la solennité du grand concours. Lorsque les Académies furent supprimées, les conditions d'admission, à l'École française de Rome, demeurèrent incertaines et flottantes. Elles ne furent réglées qu'à l'époque de la fondation de l'Institut. Il n'y avait plus, alors, d'Académie de peinture, ni d'Académie d'architecture; elles étaient absorbées par l'Institut, au point de vue purement académique; il parut naturel de transporter la désignation des élèves entretenus à Rome, à l'Institut déjà investi du droit de décerner des distinctions analogues, dans tous les ordres de la science, des lettres et des arts. Il y fut pourvu d'abord par une loi du 3 brumaire an IV, sur l'instruction publique, dont deux titres particuliers, les titres 4e et 5e, étaient relatifs à l'organisation de l'Institut, déjà fondé par une loi précédente, du 5 fructidor an III. Cette loi, du 3 brumaire an IV, divisait l'Institut en trois classes seulement: celle des sciences physiques et mathématiques, celle des sciences morales et politiques, et celle de la littérature et des beaux-arts. Elle avait compris, dans cette dernière classe, huit sections, qualifiées : de la grammaire, des langues anciennes, de la poésie, des antiquités et monuments, de la peinture, de la sculpture, de l'architecture, de la musique et déclamation. De cette classe sont sorties plus tard trois académies de l'Institut.

La loi de brumaire an IV donnait de grandes attributions aux assemblées générales de l'Institut; entre autres, celle de nommer, tous les ans, vingt personnes, pour voyager aux frais de l'État, dans l'intérêt de l'agriculture ; et d'indiquer aussi, tous les ans, six membres de l'Institut, pour voyager, ou faire des recherches, dans l'intérêt de la science et de l'art. Cette loi attribua, de plus, à l'Institut en corps, au lieu du jugement du concours pour Rome, lequel n'existait plus, puisque les anciennes académies qui le jugeaient étaient supprimées, la désignation des artistes français qui devraient être envoyés en Italie, à peu près au même titre que les autres voyageurs nommés par l'Institut. Les art. 5, 6 et 7 du titre 5 sont ainsi conçus : *Le palais national à Rome, destiné jusqu'ici à des élèves français de peinture, sculpture et architecture, conservera cette destination. Cet établissement sera dirigé par un peintre français, ayant séjourné en Italie, lequel sera nommé par le Directoire exécutif, pour six ans.* LES ARTISTES FRANÇAIS DÉSIGNÉS A CET EFFET PAR L'INSTITUT, *et nommés par le Directoire exécutif, seront envoyés à Rome. Ils y résideront cinq ans, dans le palais national, où ils seront logés et nourris aux frais de la république, comme par le passé ; ils seront indemnisés de leurs frais de voyage.*

Il y avait une lacune dans la loi : l'indication des conditions préalables de la désignation de l'Institut. Cette lacune fut remplie par le règlement du 15 germinal an IV, d'après lequel les trois sections réunies de peinture, de sculpture et d'architecture, de la 3e classe de l'Institut, dont nous avons parlé, devaient choisir, au concours, des candidats, pour les présenter à la désignation de l'assemblée générale de l'Institut.

Cet état de choses a duré pendant sept ans, de 1796 jusqu'en 1803, époque où un Arrêté du premier consul, rendu en la forme des réglements d'administration publique, a réorganisé l'Institut, a fait table rase de toutes les dispositions règlementaires précédentes, relatives à la division et aux attributions de ce grand corps, et lui a donné une forme d'existence qu'il conserve encore en partie aujourd'hui. D'après cet arrêté organique, l'Institut, qui était divisé en trois classes, fut désormais porté à quatre, à savoir : la classe des sciences physiques et mathématiques, la classe de la langue et de la littérature françaises, la classe d'histoire et de littérature ancienne et la classe des beaux-arts. Il résultait de là, que l'ancienne classe des sciences morales et politiques était supprimée : ses membres furent répartis dans les trois classes nouvelles. Nous étions des idéologues, on ferma notre salle ; nous n'y avons été rétablis que par l'ordonnance du 26 octobre 1832. Il en résultait enfin le dédoublement de l'ancienne troisième classe, en trois classes nouvelles, au nombre desquelles celle des beaux-arts, qui a conservé son nom jusqu'à aujourd'hui ; les autres l'ont perdu en 1816, pour s'appeler : l'une l'Académe française, l'autre l'Académie des inscriptions et belles-lettres. Les attributions anciennes des assemblées générales, relatives aux missions scientifiques, furent supprimées, et n'ont plus été rétablies ; et, en ce qui touche les élèves envoyés à Rome, il fut dit, par l'article 13 de l'Arrêté, que : la quatrième classe, c'est-à-dire l'Académie des beaux-arts, distribuerait chaque année des grands prix de peinture, de sculpture, d'architecture et de composition musicale ; et que ceux qui auraient remporté un de ces grands prix seraient envoyés à Rome, où ils seraient entretenus aux frais du Gouvernement, pendant cinq ans. A ces quatre grands prix fut ajouté, peu de temps après, par un autre Arrêté, un prix de gravure, avec les mêmes avantages ; et enfin, comme complément de l'institution, le directeur de l'École de Rome dut, en vertu d'une décision ministérielle de M. Chaptal, envoyer tous les ans, à la classe des beaux-arts, les études et les ouvrages que les élèves étaient autrefois obligés d'envoyer aux Académies de peinture, sculpture et architecture.

Puis est venu, en 1804 et en 1806, l'établissement et l'organisation de l'École des beaux-arts, pour remplacer les Académies anciennes, mais au point de vue de l'enseignement, que l'Institut ne donnait pas, et ne pouvait pas donner. La conséquence des décrets de 1804 et du 11 janvier 1806, était de reporter à l'École des beaux-arts le jugement des prix de Rome ; mais, comme les professeurs de l'École nouvelle furent tous choisis dans le sein de la classe des beaux-arts, on ne vit pas d'utilité à faire décider, par le droit, une question qui était décidée par le fait. Toutefois, lorsque l'œuvre de restauration fut complétée par le règlement ministériel, annexé à l'ordonnance du 4 août 1819, on fut plus prononcé.

Une ordonnance de 1816 avait, comme je l'ai dit, bouleversé de fond en comble l'Institut, changé le nom de ses classes, éliminé d'anciens membres, introduit des membres nouveaux, etc. Cette ordonnance, empreinte de l'esprit du temps, est encore subsistante dans ses dispositions moins regrettées. Elle n'avait rien dit des grands prix de Rome. L'ordonnance de 1819 en a parlé, pour transporter dans le sein de l'École, et c'était logique, le jugement de ces grands prix. L'article 2e y divisa l'enseignement en deux sections: la peinture et la sculpture d'un côté, l'architecture de l'autre. L'article 3e décida que, dans la section de peinture et sculpture, l'enseignement serait composé : 1° d'exercices journaliers; 2° de cours spéciaux ; 3° de concours d'émulation ; 4° *de quatre grands concours annuels donnant aux élèves qui en remportent le prix le droit d'être entretenus pendant cinq années, aux frais de l'État, à l'École française de Rome*. Même disposition dans l'article 5, pour la section d'architecture, dont l'enseignement particulier se compose: 1° de leçons ; 2° de concours d'émulation ; 3° *de grands concours annuels établis pour cette section comme pour la section de peinture et de sculpture, avec les mêmes effets et les mêmes avantages pour les élèves qui en remportent les prix.*

Quels étaient les juges de ces concours? les professeurs de l'École, et personne autre. Le nom de l'Académie des beaux-arts n'est pas prononcé dans le règlement ministériel. Et en effet, c'est ainsi que la chose a été pratiquée. Les concours ont eu lieu à l'École, les sujets de concours ont été donnés à l'École, et les jugements ont été recueillis à l'École. Seulement, comme tous les professeurs de l'École étaient membres de l'Académie des beaux-arts, les jugements ont continué d'être proclamés à la séance publique de cette dernière Académie. Pour les grands prix de musique et de gravure, ils ont toujours été l'objet d'un concours ouvert et jugé à l'Institut. Puis enfin, les sections de peinture, d'architecture et de sculpture s'étant exactement identifiées avec l'École des beaux-arts, par la composition du professorat électif, le jugement des grands prix de Rome a été considéré comme revenu, par l'usage, le fait et la pratique, au palais du quai Conti, quoique de droit il eût été rendu à l'école des Petits-Augustins.

Telles ont été les vicissitudes et les destinées des grands prix de Rome, depuis leur fondation jusqu'au décret du 13 novembre 1863. Les réclamations contre le dernier état des choses s'étaient produites vives et pressantes, comme sur l'organisation même de l'École des beaux-arts. On sait ce qu'écrivait Géricault du régime de l'École romaine. Ce régime était compris aussi dans la réforme projetée en 1832. M. G. Planche écrivait, en 1848, dans la *Revue des Deux-Mondes* : « Les concours annuels de « l'École sont jugés par l'Académie des beaux-arts. Or, « la plupart des professeurs de l'École appartiennent à « l'Académie. Les œuvres des élèves sont donc, en réa- « lité, jugées par les professeurs. Ce mode de jugement « me paraît offrir de graves inconvénients. A moins « d'admettre, en effet, que les professeurs, qui sont des « hommes, passent à l'état de demi-dieux dès qu'ils se « réunissent en académie (*l'irrévérent !*) et oublient, « comme par enchantement, toutes les faiblesses humai- « nes, on doit craindre que les récompenses ne soient pas

« données avec une irréprochable impartialité. Je ne dis « rien de l'adjonction à la section de peinture, de sculp- « ture ou d'architecture, de l'Académie tout entière ; c'est « un enfantillage (*le malheureux!*) auquel je n'attache « pas grande importance, car l'Académie ne se réunit « à la section, que lorsque la section elle-même a déjà « prononcé un jugement préparatoire, et je pense que « MM. Auber, Adam, Halévy, adoptent volontiers l'avis « de MM. Ingres et Delaroche, de MM. David et Pra- « dier, lorsqu'il s'agit de prononcer un jugement défini- « tif sur un concours de peinture ou de sculpture. Mais « le jugement de l'Académie n'a pas et n'aura jamais « une grande autorité, car les professeurs ou les mem- « bres de l'Académie, en jugeant leurs élèves, jugent leur « enseignement ; et il est permis de croire qu'ils le ju- « gent avec indulgence. Sans doute il peut arriver, quel- « quefois il arrive que les professeurs jugent sévèrement « leurs élèves ; mais cet héroïsme n'est pas à la portée « de tous les caractères, et ne détruit pas la valeur de l'ob- « jection. L'opinion publique se défie des jugements de « l'Académie ; il y aurait un moyen bien simple de la « rassurer : ce serait de confier le jugement des con- « cours à un jury pris en dehors de l'École et de l'Aca- « démie, qui, pour nous, sont un seul et même corps, « sous deux noms différents, etc., etc. »

Voilà la formule nette et claire de ce qui se disait partout, depuis trente ans : à tort, à raison ? je ne veux point discuter. Eh bien ! l'auteur du décret de 1863 s'est inspiré de cette idée dominante. Il a décidé que les concours aux grands prix de Rome se feraient à l'École des beaux-arts, comme l'avait fait l'ordonnance de 1819 ; et en ce qui touche les juges, il a pensé qu'un jury tiré au sort sur une liste nombreuse, présentée par le Conseil supérieur, offrait les garanties désirables. Il n'y a là qu'un résultat prévu, annoncé depuis longtemps. Est-ce bien? est-ce mal? Examinons de sang-froid et cherchons la vérité.

Le premier reproche qu'on a fait au décret du 13 novembre, c'est d'être illégal, et d'avoir violé un droit acquis à l'Académie des beaux-arts : l'on a parlé d'un pourvoi au conseil d'État, ou d'une pétition au Sénat pour inconstitutionnalité. Cette pensée fait honneur à la confiance que notre pays a dans le droit; mais elle trahit une connaissance trop imparfaite de notre organisation académique.

Le reproche d'illégalité ne me semble pas fondé. Sans doute deux actes, qualifiés *lois*, avaient attribué à l'Institut la désignation des élèves de Rome. Mais rien n'est plus vrai que ce qui est dit, à cet égard, dans la Réponse du ministre. Pendant la période révolutionnaire, les deux pouvoirs législatif et exécutif ont été perpétuellement confondus. La Convention a décrété des centaines de lois, d'ordre purement administratif. Sous le Directoire, les Conseils ont suivi le même procédé. Ainsi un acte, qualifié *règlement pour l'Institut*, est l'objet d'une loi. Son art. 1er est ainsi conçu : « Chaque classe de « l'Institut s'assemblera deux fois par décade; la pre- « mière classe, les *primidi* et *sextidi;* la seconde classe, « les *duodi* et *septidi ;* et la troisième classe, les *tridi* et « *octidi*. La première séance de chaque décade sera pu- « blique. » Une *loi* de ce genre n'aurait donc pu être reformée que par une autre *loi*? Cherchez donc quelle est la loi nouvelle qui a changé cette législation du 15 germinal an IV, la même qui dans son article XXX dit que : « les trois sections réunies de peinture, de sculp- « ture et d'architecture, choisissent au concours les ar- « tistes qui, conformément à la loi du 3 brumaire, sur « l'Instruction publique, seront désignés par l'Institut « pour être envoyés à Rome. »

C'est sous le Consulat qu'on est revenu aux principes élémentaires de la division des pouvoirs ; et le pouvoir exécutif n'a jamais considéré comme obstacle à son action des actes qualifiés *lois*, sous le Directoire ou la Convention, mais qui n'étaient au fond, et par leur nature, que des actes du pouvoir exécutif. En ce qui touche l'Institut, il n'y avait qu'une loi vraiment fondamentale, c'est la loi de fondation de l'Institut, du 5 fructidor an III ; aussi a-t-elle été renouvelée, ou confirmée, non par un Arrêté consulaire, mais par la constitution de l'an VIII (art. 88), qui réorganisait l'État ; et un seul article y a suffi. En effet, la création d'un Institut entraîne trois conséquences évidentes, et universellement acceptées comme légales : celle de l'individualité des Académies, celle de l'élection et celle de l'inviolabilité du titre. Tout le reste est d'exécution, et du ressort du pouvoir exécutif, tantôt avec l'avis, et tantôt sans l'avis du conseil d'État, selon les cas ; et il en a été ainsi, même en un temps où la qualité de membre de l'Institut conférait une capacité politique.

Tel a donc été le caractère des lois de 1795 et de 1796 ; elles ne subsistent plus que pour l'histoire, surtout celle du 3 brumaire, sur l'Instruction publique, dont pas une ligne n'est restée debout. En ce qui touche le *Règlement de l'Institut*, il a été abrogé par un simple décret du premier consul; lequel, à son tour, a été modifié ou abrogé par une ordonnance royale, celle de 1816, suivie de plusieurs autres actes de même nature. L'usage que le pouvoir a fait de son droit a été quelquefois excessif. Il est chez nous des principes que nous tenons comme immuables, tels que celui de l'inamovibilité de notre titre, et celui de l'élection. Ils n'ont pas toujours été respectés. Sous l'ancien régime, le pauvre abbé de Saint-Pierre avait été rayé d'une Académie, pour le crime d'avoir déplu par ses utopies. En 1816, il y a eu des exclusions par ordonnance, et des remplacements, par la même voie. Nous en avons gémi pour l'honneur de l'Institut. Le droit rigoureux était contraire à l'ordonnance de 1816, mais nul ne s'est pourvu pour illégalité, ni devant les tribunaux administratifs, ni même devant les grands corps politiques de l'État, par voie de pétition. Il n'y avait pas ouverture à un pourvoi au contentieux. La régularité du décret du 13 novembre 1863, lequel est d'une bien moins grande portée que l'ordonnance de 1816, puisqu'il se borne à changer le mode de jugement d'un prix, me semble donc inattaquable.

Quant au fond même de la question, mon opinion est différente. Mon humble avis est qu'il valait mieux revenir au jugement par l'Institut, en assemblée générale, l'Académie des beaux-arts faisant fonction de rapporteur, comme on l'a pratiqué de 1796 à 1803. Je suis partisan déclaré du jugement du public, de préférence à celui d'un corps peu nombreux, quelque respectable qu'il soit; mais je ne trouve nulle part un public de 250 personnes, qui présente les garanties de l'assemblée générale de l'Institut.

On y trouverait l'avis des gens de l'art. A leurs yeux le premier mérite est la correction. Nous l'avons entendu : *Le dessin est tout.* Les professeurs considèrent la correction, sinon comme *l'art tout entier*, du moins comme la première des qualités. Si le tableau est bien dessiné, si la couleur est bien touchée, leur penchant est de tenir compte accessoire de l'expression, de l'ordonnance et quelquefois de la pensée. Les gens de lettres, au contraire, font souvent peu de cas des lignes et de la couleur; ils ignorent la langue qui est propre à la peinture; mais ils excellent à juger la pensée, l'expression, l'ordonnance, la poésie d'un tableau. Le tribunal complet, le vrai juge, c'est un public où ces qualités se compensent et s'équilibrent ; un public qui réunit la connaissance suffisante du matériel de l'art, à l'appréciation désintéressée des qualités d'intelligence qui sont indispensables dans une grande composition. Tout cela se rencontre dans une assemblée générale de l'Institut, qui est l'expression la plus élevée des connaissances nationales, en tout genre. Ce jury n'est pas formé par commission, et c'est toujours un avantage. Il est assez nombreux, pour exclure l'esprit de coterie ; il a une grande responsabilité d'honneur. Il donnerait une juste part d'influence au technique, à l'école ; mais il accueillerait favorablement, aussi, le talent libre et même novateur ; il présenterait, enfin, un boulevard suffisant contre la routine ; la discussion, l'indépendance, les lumières, on aurait tout chez lui. Voilà les motifs de mon opinion.

Il y a loin de la thèse ainsi posée, à l'invocation d'un droit de l'Institut, d'un privilége violé de ce corps illustre et respecté. A ce point de vue étroit, l'objection est absurde. L'Institut serait propriétaire du jugement des grands prix de Rome ! On aurait méconnu un droit acquis, en retirant ce jugement à l'Académie des beaux-arts, pour le transférer à un jury ! Je récuse la solidarité de cette prétention. L'enseignement et son organisation, le règlement des concours et leur jugement, n'appartiennent à personne qu'à l'État. Aucun corps, quelque grand qu'il soit, ne possède à cet égard un droit supérieur à celui de l'État ; et le pouvoir exécutif est, pour cet objet, le représentant légitime de l'État. Tel enseignement du Collége de France pourrait être transporté à la Faculté de droit, sans que le Collége de France pût se plaindre de la violation d'un droit ; et réciproquement. Le jugement des concours, pour les chaires de droit, appartenait, *ipso jure*, primitivement, et aussi en vertu d'une loi, aux professeurs des Écoles de droit. Puis, on leur adjoignit, par un statut administratif, des magistrats, à l'effet de tempérer l'esprit d'école, quelquefois exclusif. Les Écoles de droit n'ont jamais crié à la violation d'un droit qui leur fût propre. Elles ont pu regretter le partage d'une attribution ; elles ont pu croire que, *intus et per se*, le meilleur jury c'étaient elles-mêmes : tout cela est naturel et légitime ; mais elles connaissaient trop bien le droit qu'elles enseignent, pour avoir revendiqué la propriété du jugement exclusif qui leur est échappé, comme on revendique un bien qu'on a perdu. Le règlement de ces diverses conditions de l'enseignement supérieur est matière d'État, droit inaliénable de gouvernement ; et la prétention d'un corps d'en avoir le privilége inattaquable, ne soutient ni l'examen, ni la discussion.

A-t-on porté atteinte, comme on dit, à la considération de l'Académie des beaux-arts ? Elle est trop haut placée, dans l'opinion, pour que l'objection ait de la portée. Est-ce qu'on ne retrouvera pas partout, et à l'École des beaux-arts, et dans le conseil supérieur, et dans le jury, les membres de l'Académie ? Est-ce qu'on voudra, est-ce qu'on pourra se passer d'eux ? Ils seront appelés partout, par la puissance seule de leur talent, et par l'influence de leur renommée. Ils ne perdront qu'une apparence de domination ; mais leur légitime autorité, dépouillée de toute ombre d'intolérance, n'en sera que plus respectée.

On a dit que *l'Académie est seule compétente pour juger :* voilà le *pro domo* qu'il fallait éviter. Cette ligne mettra le public contre vous, parce que tout le public lettré n'est pas dans l'Académie, et qu'en dehors de notre sein, il y a, heureusement pour la France, bien du monde en état de parler science et art : *profanum vulgus*, si vous voulez, mais auquel il faut faire sa part. Nous sommes seuls capables de juger ! laissons-le dire aux justiciables ; ce n'est pas au juge à le proclamer. La justice humaine vous fera retour, si elle est égarée ; fiez-vous-y, mais sachez l'attendre avec calme. Quant à ce que l'on ajoute, que l'Académie des beaux-arts n'aura plus de raison d'être, si elle est privée de ce jugement, je m'y perds. O vous, mon illustre confrère ! vous, couvert de tant de gloire, vous ne me démentirez pas ! votre réputation, votre honneur, votre génie, sont-ils compromis par le Décret ? Parce que vous ne jugerez plus, peut-être, les prix de Rome, en serez-vous moins M. Ingres ? L'État sera privé du concours de votre grand esprit ; c'est lui qui est à plaindre, mais votre talent n'est, heureusement, pas supprimé du coup.

Je pense donc que le meilleur jury était peut-être l'Institut tout entier, c'est-à-dire que j'eusse préféré le retour à la loi de 1795, rectifié dans son application. Mais pour nous, membres de l'Institut, c'est une responsabilité de moins, et, en ce qui me touche, je ne regrette pas d'en être exonéré ; je me garderai de la réclamer comme un patrimoine.

Je ne suis pas même si convaincu du mérite de mon idée, que je ne croie utile de laisser accomplir une expérience réclamée par une opinion puissante. En peut-il résulter de grands dangers ? je ne le crois pas. On a parlé de la dictature du surintendant des beaux-arts. Je la redoute peu, parce que je connais l'homme dont on semble craindre l'influence, et que tous les artistes penseront comme moi. Je ne crains que son successeur. Mais l'objection n'est pas sérieuse. En matière d'art et de concours public, les jurys ne font guère que sanctionner une opinion publique, à laquelle ils obéissent, et qui les entraîne. Voyez les jugements des jurys de l'exposition ! rarement ils sont attaqués, parce que le jugement du public les précède toujours. La grande importance, c'est la publicité, c'est le grand jour. Dans de semblables conditions, le jury, nombreux ou limité, exprimera toujours le suffrage du public. Au point de vue du jugement, il n'y a donc pas de péril à remettre les concours de Rome au jury. Ce jury sera très-nombreux ; il sera tiré au sort sur une liste dont la formation n'est pas arbitraire. Le mécanisme nouveau a donc, pour les esprits désintéressés, la double garantie des lumières et de l'impartialité ; l'expérience nous apprendra le reste.

Quant au Conseil supérieur, chargé de la formation du jury, sa composition me paraît rassurante. N'est-il pas évident qu'on ira chercher les réputations consacrées? Les peintres, les sculpteurs, les architectes, les graveurs renommés, où les prendre, si ce n'est à l'Institut? Le moteur ne sera donc, à vrai dire, pas changé ; seulement son action n'aura plus cette allure qu'on lui a objectée dans le passé. L'élément technique, l'élément d'école, sera tempéré par l'introduction d'une opinion dégagée de préjugé ; les personnes étrangères au métier seront l'organe du bon sens public, mis en présence des pratiques et de la tradition.

Pour l'influence qu'on reproche à l'administration d'avoir voulu se réserver, sur la direction de l'art et des artistes, elle est peu sensible, mais elle est dans la nature des choses. C'est un ressort de gouvernement, c'est un honneur d'État, qu'on ne pouvait espérer de voir rester en dehors de l'action publique.

Il faut donc bien distinguer l'intérêt de l'Institut, d'un froissement individuel et momentané, d'une susceptibilité honorable et légitime, imprudemment éveillée. L'Institut avait perdu, depuis longtemps, l'attribution que lui donnait la loi de 1795. L'Académie des beaux-arts perdra quelques pages du rapport de son secrétaire perpétuel, ainsi que la proclamation, quelquefois bruyante et orageuse, que les artistes intéressés trouveront ailleurs, avec une vive satisfaction, quoi qu'on en dise. Mais les couronnes de l'Académie, mais l'honneur de lui appartenir, seront toujours l'objet de la plus haute ambition. L'Académie des beaux-arts sera dans la condition du droit commun de l'Institut, où les académies à section doivent distribuer autant de prix qu'elles comptent de sections dans leur sein. L'Académie des beaux-arts demandera la compensation de ce qu'elle perd, à cet égard, et l'on ne saurait la lui refuser. Ses prix ne conduiront point à Rome; mais ils conduiront à la gloire d'un suffrage de l'Institut, et la perte de Rome sera bientôt oubliée. L'art y aura même gagné un encouragement de plus, puisque les prix seront doublés.

Je n'ai point parlé de la sage disposition du décret, qui consacre à des voyages une partie des cinq ans que les élèves passaient jadis à Rome. On se souvient de ce qu'écrivait Géricault, sur la longueur énervante de ce séjour. Les voyages sont devenus une des conditions de la vie moderne, et du perfectionnement de l'esprit. Il y a deux cents ans, on ne trouvait que les brumes épaisses de l'Isar, à Munich, et les boues noires de la Sprée, à Berlin; et l'Angleterre n'avait pas les collections qui l'enorgueillissent aujourd'hui; et d'ailleurs, pouvait-on voyager, en ce temps-là? Sans parler des monuments de l'art, les grandes vues de la nature sont une source d'inspiration; il était généreux et avisé de compléter, par des voyages, l'éducation des jeunes élèves en qui notre pays a mis son espérance. La réforme du droit ancien, sur ce point, a obtenu l'applaudissement unanime.

Quant aux fondations, la difficulté n'est pas grave. Si les familles intéressées sont autorisées à les retirer; si les donations peuvent être révoquées, par l'effet du changement de juge, ce que je ne veux ni examiner ni résoudre, la question étant complexe, et dépendant des circonstances ou de la rédaction des contrats ; je suis bien assuré que l'État voudra suppléer, par une disposition rémunératoire et réparatrice, à un encouragement qui manquerait aux beaux-arts ; et le public, et l'art, ne perdront rien à recevoir, des mains de l'État, le prix qu'ils recevaient des mains d'un donateur privé.

Mon avis est donc, pour conclure, qu'il faut rentrer dans le rôle qui nous appartient, celui d'un corps savant, chargé d'une fonction intellectuelle et paisible, plus que d'une action extérieure et guerroyante. Que l'Académie des beaux-arts, si honorée, si respectée de l'Europe, ne se croie pas amoindrie ; et, si elle pouvait l'être, qu'elle attende du temps la réparation qu'elle chercherait en vain par une autre voie. Si le jury qu'on lui substitue fonctionne à la satisfaction générale, elle s'en applaudira, comme d'un bien qui rejaillit sur le pays ; si le jury fait des fautes, ou commet des erreurs, on ne manquera pas de dire que mieux valait l'Académie. Dans les deux hypothèses, le silence me semble être la voie la plus digne, la plus sûre et la plus sensée. Je prends la liberté de le dire à des confrères pour qui je suis plein d'estime et d'attachement, et à vous en particulier, Monsieur, qui avez, en quelque sorte, provoqué la manifestation de nos sentiments.

CH. GIRAUD, *de l'Institut.*

PIÈCES JUSTIFICATIVES.

Ordonnance du 4 août 1819.

Saint-Cloud, le 4 août 1819.

Louis, par la grâce de Dieu, etc., etc.

Sur le rapport de notre ministre secrétaire d'État de l'intérieur, nous avons ordonné, etc.

ARTICLE PREMIER.

Le règlement de l'École royale et spéciale des beaux-arts de Paris, tel qu'il est annexé à la présente ordonnance, est et demeure approuvé.

ART. 2.

Notre ministre secrétaire d'État au département de l'intérieur est chargé de l'exécution de la présente ordonnance.

Donné à Saint-Cloud.

Signé : LOUIS.

Le ministre, comte DECAZES.

Le maître des requêtes, MIRBEL.

RÈGLEMENT
DE L'ÉCOLE ROYALE DES BEAUX-ARTS.

ARTICLE PREMIER.

L'École établie à Paris pour l'enseignement de la peinture, la sculpture et l'architecture, est sous la protection immédiate de Sa Majesté.

ART. II.

L'enseignement est divisé en deux sections : l'une comprend la peinture et la sculpture; l'autre l'architecture.

ART. III.

Dans la section de peinture et sculpture l'enseignement se compose :

1° D'exercices journaliers qui sont la base de l'instruction, et consistent dans l'étude de la figure humaine, d'après l'antique et d'après le modèle vivant.

2° De cours spéciaux :

D'anatomie;

De perspective;

D'histoire et d'antiquité;

3° De concours d'émulation, appropriés aux diverses parties des études;

4° De quatre grands concours annuels, donnant aux élèves qui en remportent les prix, le droit d'être entretenus pendant cinq années, aux frais de l'État, à l'École française à Rome.

ART. IV.

Quinze professeurs sont employés au service des diverses parties de l'enseignement, savoir : pour diriger l'étude journalière et les concours, sept peintres et cinq sculpteurs :

Et pour les cours spéciaux :

Un professeur d'anatomie;

Un professeur de perspective;

Un professeur d'histoire et d'antiquités.

ART. V.

L'enseignement de l'architecture se compose :

1° De leçons, données dans des cours spéciaux, sur la théorie et l'histoire de l'art, sur les principes de la construction, et sur les mathématiques appliquées à l'architecture;

2° De concours d'émulation relatifs aux diverses branches de l'instruction;

3° De grands concours aanuels, établis pour cette section comme pour la section de peinture et sculpture, avec l s mêmes effets et les mêmes avantages pour les élèves qui en remporteront les prix.

ART. VI.

Dans la section d'architecture, l'enseignement est réparti entre quatre professeurs spéciaux, savoir :

Un pour la théorie;

Un pour l'histoire de l'art;

Un pour la construction;

Un pour les mathématiques.

ART. VII.

Il y a en outre, près de cette section, une commission pour l'assister dans le jugement des concours.

Cette commission est composée de vingt membres, choisis parmi les architectes les plus distingués.

Ces membres sont élus par l'assemblée générale des professeurs de l'École, sur une liste de candidats présentés par la section d'architecture. Il est rendu compte des nominations au ministre de l'intérieur.

Les fonctions de la commission sont purement honoraires et consistent dans les jugements à porter, de concert avec les professeurs d'architecture, sur les résultats des différents concours d'émulation.

ART. VIII.

Les douze professeurs attachés à l'enseignement journalier ne peuvent être nommés ni avant trente ans ni après soixante.

Ceux d'entre eux qui arrivent à soixante et dix ans, prennent le titre de professeurs recteurs et sont dispensés de quelques-unes des fonctions du service actif, qui sont réparties entre les autres.

A soixante ans un professeur peut, à raison de ses services, passer au grade de recteur, sur la proposition de l'École.

Il ne doit y avoir jamais plus de quatre recteurs à la fois; il peut y en avoir un moindre nombre.

Les recteurs de soixante-dix ans peuvent, à raison des infirmités dont ils se trouveraient atteints, cesser leurs travaux habituels et prendre le rang de professeurs émérites; une décision est rendue à cet égard par le ministre, sur le rapport de l'École.

A quatre-vingts ans, tout professeur jusque-là en activité quitte nécessairement le service journalier, et n'est plus tenu que de remplir les fonctions de l'éméritat.

ART. IX.

Les professeurs émérites ont pour fonctions d'assister, une fois par semaine, aux exercices des élèves.

Ils rendent compte aux assemblées de l'état des cours et des études.

Ils conservent leur traitement intégral.

ART. X.

Les professeurs des deux sections se réunissent en assemblée générale pour toutes les affaires qui intéressent l'École entière et pour les élections aux places vacantes.

ART. XI.

Chacune des deux sections s'assemble séparément toutes les fois que l'exige le service de la partie d'enseignement qui lui est confiée.

ART. XII.

Un président administrateur, et, en son absence, un vice-président, règlent les délibérations des assemblées; leurs fonctions ne durent qu'une année.

ART. XIII.

Tous les ans, au commencement de décembre, les professeurs élisent entre eux un vice-président pour l'année qui va commencer, et le vice-président de l'année écoulée passe de suite à la présidence.

Le président sorti d'exercice peut, après le laps d'une année, être réélu.

Il est donné au ministre connaissance de ces mutations.

ART. XIV.

L'École royale des Beaux-Arts a un secrétaire perpétuel qui rédige la correspondance générale et les procès-verbaux des délibérations prises dans les assemblées, inscrit ceux-ci sur un registre, en délivre les extraits, etc.

ART. XV.

Un secrétaire-architecte est spécialement attaché à la section d'architecture pour l'inscription des élèves, la rédaction de tous procès-verbaux, des jugements des concours et la conservation des archives de cette partie.

ART. XVI.

L'administration de l'École est confiée à un conseil de cinq membres, qui sont :

Le président administrateur ;

Le vice-président;

Le président sorti de fonctions;

Le secrétaire perpétuel ;

Un membre de la section d'architecture, à tour de rôle, et successivement tous les ans.

ART. XVII.

Le conseil d'administration est chargé de faire exécuter les décisions prises dans les assemblées, de diriger et surveiller la comptabilité, de maintenir les règlements, d'entretenir les relations de l'École avec le ministre et avec les établissements publics et les particuliers. Dans le cas d'urgence et de pure discipline, il peut prendre les mesures qu'il juge convenables, sauf à en faire le rapport aux assemblées prochaines.

ART. XVIII.

La rédaction des lettres et rapports adressés au ministre en vertu des délibérations des assemblées, est soumise au conseil d'administration.

Les lettres et les rapports sont signés du président et du secrétaire perpétuel.

ART. XIX.

Les professeurs spéciaux, ne pouvant se suppléer entre eux, sont remplacés temporairement, en cas d'absence ou de maladie, par des artistes pris hors de l'École ; les suppléants sont choisis en assemblée générale, sur la présentation du professeur qu'ils doivent remplacer.

Le traitement se partage alors entre le professeur et le suppléant.

La désignation de celui-ci est soumise à l'approbation du ministre.

ART. XX.

Les suppléants assistent aux assemblées lorsqu'ils y sont appelés, et ils ont voix délibérative lors du jugement d'un concours qui a eu lieu sous leur direction.

ART. XXI.

Le service d'un suppléant ne lui donne aucun droit particulier à succéder, en cas de vacance, au titulaire dont il a fait les leçons.

ART. XXII.

Toutes les élections aux chaires vacantes se font en assemblée générale, convoquée à cet effet, et composée des deux tiers au moins des membres ayant voix délibérative.

ART. XXIII.

Les élections se font au scrutin secret et à la majorité absolue des suffrages.

ART. XXIV.

Lors de la vacance d'une place, l'assemblée procède par voie de scrutin à la formation d'une liste de candidats; à cet effet, on établit une discussion sur le mérite de chacun d'eux. La liste étant formée, l'assemblée se réunit dans la huitaine pour fixer définitivement son choix.

Dans cette seconde réunion, toute discussion sur les candidats est interdite; on ferme le scrutin; le nom de celui qui réunit la majorité absolue des suffrages est aussitôt transmis au ministre.

ART. XXV.

La nomination du secrétaire perpétuel de l'École et celle du secrétaire-architecte de la section d'architecture sont faites dans les mêmes formes.

Les choix sont soumis à l'approbation du ministre.

Art. XXVI.

Le traitement des professeurs est de. . . 2,400 fr.
Celui du secrétaire-perpétuel. 3,000
Celui du secrétaire-architecte. 1,500

Art. XXVII.

Les membres de l'École doivent être logés dans le local affecté à l'École royale des Beaux-Arts par les ordonnances de Sa Majesté.

Art. XXVIII.

Les employés attachés au service de l'École sont nommés par les professeurs ; le ministre est informé aussitôt de ces nominations, et aucun changement dans les traitements ne peut avoir lieu sans son approbation spéciale.

Décrété par le ministre, le 22 juillet 1819.

Comte DECAZES.

Pour être annexé à l'Ordonnance du 4 août 1819.

DÉCRET

Du 13 novembre 1863.

NAPOLÉON,

Par la grâce de Dieu et la volonté nationale, Empereur des Français,

A tous présents et à venir, salut :

Vu l'arrêté du gouvernement de la république en date du 3 pluviôse an XI (22 janvier 1803);

Vu l'ordonnance royale du 4 août 1819;

Sur le rapport du ministre de notre Maison et des Beaux-Arts,

Avons décrété et décrétons ce qui suit :

TITRE PREMIER.

De l'Ecole impériale et spéciale des Beaux-Arts.

CHAPITRE PREMIER.

Direction. — Administration.

Art. 1er. L'administration de l'École impériale et spéciale des Beaux-Arts est confiée à un directeur qui est nommé pour cinq années consécutives par décret impérial.

Le directeur est le chef immédiat de tout le personnel de l'École; il est seul chargé de l'exécution des décisions du ministre et des règlements administratifs.

Il correspond avec l'administration supérieure pour les affaires du service. Toutes les dépenses doivent être autorisées par lui, dans les limites et suivant les conditions fixées par le Ministre. En outre, il surveille ces dépenses, les contrôle et en fait établir les justifications, en se conformant d'ailleurs aux règlements sur la comptabilité publique.

Il jouit d'un traitement de 8,000 fr.

En cas de maladie ou de congé, le directeur est suppléé par une personne désignée par le Ministre.

Art. 2. Le personnel administratif comprend :

Un secrétaire,

Un agent comptable,

Un conservateur des modèles et objets d'art,

Un bibliothécaire.

Le personnel de l'enseignement comprend :

Des professeurs chargés de cours,

Des professeurs chefs d'atelier.

Tous sont nommés par le Ministre, ainsi que les employés du service.

Les dispositions de la loi du 9 juin 1853 sur les pensions civiles sont applicables à tout le personnel de l'École, excepté aux professeurs chefs d'atelier.

Art. 3. Les professeurs chargés de cours reçoivent un traitement annuel de 2,400 fr.

En cas d'absence ou de maladie, ils sont remplacés par des suppléants choisis par le Ministre. Le traitement se partage alors entre le professeur et le suppléant.

Art. 4. Sont supprimés les titres et attributions des professeurs-recteurs et émérites; toutefois, les professeurs qui sont présentement en possession de l'éméritat conserveront, sous le rapport du traitement, les avantages résultant pour eux de l'article 9 du règlement annexé à l'ordonnance du 4 août 1819.

Art. 5. Les professeurs chefs d'atelier, indépendamment des locaux qui leur sont concédés gratuitement pour l'installation de leurs ateliers, sont rétribués au moyen d'indemnités calculées à raison de 2,400 fr. par an.

Ils ne peuvent pas faire partie du conseil supérieur d'enseignement institué près de l'École, ainsi qu'il va être dit au chapitre II.

Art. 6. Les professeurs ne sont pas logés dans l'École.

CHAPITRE II.

Enseignement.

Art. 7. Il est institué près l'École un conseil supérieur d'enseignement, lequel se compose, savoir :

Du surintendant des Beaux-Arts, président;

Du directeur de l'administration des Beaux-Arts, vice-président;

De deux peintres,
De deux sculpteurs,
De deux architectes,
D'un graveur,
Et de cinq autres membres, } nommés par le Ministre.

Le conseil supérieur choisit son secrétaire parmi les membres du conseil.

Les membres du conseil supérieur de l'enseignement, autres que le surintendant des Beaux-Arts et le directeur de l'administration des Beaux-Arts, se renouvellent par tiers, à l'ouverture de l'année scolaire. Les membres sortants peuvent être nommés de nouveau.

Les fonctions du conseil supérieur sont gratuites.

Art. 8. L'École impériale et spéciale des Beaux-Arts est

consacrée à l'enseignement de la peinture, de la sculpture, de l'architecture, de la gravure en taille-douce et de la gravure en médailles et pierres fines.

Art. 9. Les cours suivants sont professés par le personnel de l'École :

1° Histoire de l'art et esthétique,
2° Anatomie,
3° Perspective,
4° Mathématiques élémentaires,
5° Géométrie descriptive,
6° Géologie, physique et chimie élémentaires,
7° Administration et comptabilité, construction et application sur les chantiers,
8° Histoire et archéologie.

Art. 10. La faculté de professer temporairement dans les salles de l'École pourra être accordée à une personne étrangère à l'administration, lorsque la matière du cours intéressera l'étude des beaux-arts et que l'utilité de cet enseignement aura été reconnue par le Ministre.

Art. 11. Les exercices journaliers prescrits par l'article 3 du règlement annexé à l'ordonnance du 4 août 1819 sont remplacés par des travaux que les élèves exécutent dans les ateliers.

A cet effet sont attachés à l'École :

Trois ateliers de peinture,
Trois ateliers de sculpture,
Trois ateliers d'architecture,
Un atelier de gravure en taille-douce,
Un atelier de gravure en médailles et pierres fines.

Ces ateliers sont dirigés par des artistes qui ont le titre de professeurs chefs d'ateliers, ainsi qu'il est dit à l'article 2.

Art. 12. Tous les trois mois, le directeur reçoit des professeurs chefs d'atelier un rapport sur les progrès de leurs élèves.

Ces rapports sont communiqués au conseil supérieur.

Le conseil signale au Ministre les élèves qui, s'étant distingués, lui paraissent mériter des récompenses ou des encouragements.

Art. 13. Sont obligatoires :

Pour tous les élèves de l'École, les cours d'histoire, d'esthétique et d'archéologie;

Pour les élèves peintres, sculpteurs et graveurs, les cours d'anatomie et de perspective;

Pour les élèves architectes, tous les cours, excepté celui d'anatomie.

CHAPITRE III.

Admission des élèves.

Art. 14. Les jeunes gens qui désirent suivre les cours de l'École devront se faire inscrire au secrétariat, justifier de leur qualité de Français et être âgés de 15 à 25 ans.

Les étrangers pourront, exceptionnellement et avec l'autorisation du Ministre, être admis à suivre les cours.

TITRE II.

Des concours aux grands prix de Rome et des lauréats.

Art. 15. Les concours aux grands prix de Rome se font à l'École impériale et spéciale des Beaux-Arts.

Tous les artistes âgés de 15 à 25 ans, qu'ils soient ou non élèves de l'École, peuvent concourir aux grands prix de Rome, après avoir réussi dans deux épreuves préalables, pourvu qu'ils soient Français.

A la suite des deux épreuves préalables, dix candidats seront admis pour les prix de peinture, de sculpture, d'architecture, de gravure en taille-douce et de gravure en médailles et pierres fines.

Pour les trois premières sections ci-dessus indiquées, le concours sera annuel; il n'aura lieu que tous les deux ans pour la 4e section, et tous les trois ans pour la 5e section.

Art. 16. Le programme des épreuves préparatoires et du concours définitif est réglé par le conseil supérieur d'enseignement, institué par l'article 6; les résultats des épreuves et du concours sont jugés par un jury composé ainsi qu'il suit :

9 membres pour la section de peinture,

9 membres pour la section de sculpture,

9 membres pour la section d'architecture,

5 membres pour la section de gravure en taille-douce.

5 membres pour la section de gravure en médailles et pierres fines.

Ce jury sera tiré au sort sur une liste qui sera dressée par section et présentée par le conseil supérieur.

Cette liste, après avoir été arrêtée par le ministre, sera insérée au *Moniteur*.

Les jurés de chacune des sections ne jugeront que le concours de la section pour laquelle ils sont désignés.

Art. 17. Il ne sera décerné qu'un prix pour chaque section.

Art. 18. Sont et demeurent applicables aux jeunes gens qui auront remporté les grands prix de Rome les dispositions du paragraphe 6 de l'article 14 de la loi sur le recrutement de l'armée.

Art. 19. A l'avenir, les jeunes gens qui auront obtenu le grand prix dans leur section, et qui seront envoyés à Rome, ne seront pensionnés que pendant quatre années.

Ils resteront à Rome (obligatoirement) deux années au moins; pour les deux autres années, ils pourront, selon leur goût et leurs convenances, les consacrer à des voyages instructifs, en prévenant à l'avance l'administration supérieure de leurs intentions.

Les graveurs en médailles et pierres fines ne jouiront de la pension que pendant trois années et devront séjourner à Rome deux années au moins.

Art. 20. Le directeur de l'Académie impériale de France à Rome adresse, tous les six mois, un rapport au ministre sur les travaux et sur le degré d'instruction des élèves lauréats.

TITRE III.

Dispositions générales et transitoires.

Art. 21. Des arrêtés ministériels détermineront :

1° Les conditions d'admission des élèves dans les ateliers et à l'École impériale et spéciale des Beaux-Arts, la durée maximum de leur séjour à cette École, l'époque d'ouverture des cours, le nombre des leçons et tous les détails relatifs à l'enseignement ;

2° Les mesures relatives aux études des pensionnaires, à leurs voyages, aux obligations qu'ils ont à remplir et au mode de jugement ou d'appréciation de leurs travaux.

Art. 22. Les jeunes gens actuellement en possession du titre de pensionnaires du Gouvernement conserveront tous leurs droits en ce qui concerne la durée de leur séjour à l'Académie impériale de France à Rome, mais ils seront soumis pour leurs travaux aux dispositions de l'article 21 ci-dessus.

Art. 23. Sont abrogées les dispositions des ordonnances et règlements antérieurs en tant qu'elles sont contraires au présent décret, qui aura son effet à partir du 1er janvier 1864 et dont le ministre de notre Maison et des Beaux-Arts est chargé d'assurer l'exécution.

Ce décret sera inséré au *Bulletin des lois.*

Fait au palais de Compiègne, le 13 novembre 1863.

NAPOLÉON.

Par l'Empereur :

Le maréchal de France, ministre de la Maison de l'Empereur et des Beaux-Arts,

VAILLANT.

NAPOLÉON,

Par la grâce de Dieu et la volonté nationale, Empereur des Français,

A tous présents et à venir salut :

Vu le décret impérial, en date de ce jour, relatif à l'organisation de l'École impériale et spéciale des Beaux-Arts.

Sur la proposition du ministre de notre Maison et des Beaux-Arts,

Avons décrété et décrétons ce qui suit :

Art. 1er. M. Robert-Fleury, membre de l'Institut, est nommé, pour cinq années, directeur de l'École impériale et spéciale des Beaux-Arts.

Art. 2. Le ministre de notre Maison et des Beaux-Arts est chargé de l'exécution du présent décret.

Fait au palais de Compiègne, le 13 novembre 1863.

NAPOLÉON.

Par l'Empereur,

Le maréchal de France, ministre
de la Maison de l'Empereur et
des Beaux-Arts,

VAILLANT.

Paris. — Imprimerie de Ad. Lainé et J. Havard, rue [illegible], 19.

www.ingramcontent.com/pod-product-compliance
Ingram Content Group UK Ltd.
Pitfield, Milton Keynes, MK11 3LW, UK
UKHW020344250726
13967UKWH00005B/2109